ラブライブ！サンシャイン!!
FIRST FAN BOOK

著：公野櫻子　キャラクターデザイン：室田雄平

PROLOGUE

私たちにもできる、なんて——思ってなかった。

都会の大きくて華やかなステージの上でキラキラ輝くアイドル。

そんなこと、遠い遠い星の向こうの世界の話だと思っていたのに——。

見せてくれた人たちがいたんです。

なんの特技もない普通の女子高生でも、諦めなければ——夢は叶うって。

だから、私たちにだって——やればできる。

そう信じて、私たち、今ここから走り出します。

こんな日本の片隅の小さな海辺の街からでも。

みんなに向かって叫びたい。

誰かたった1人でも——私たちの声を聴いてくれる人がいたなら。

その記憶に残してほしい。

この街に私たちの学校があったこと。

そこで——最高のスクールアイドルになるって誓いあった私たちがいたこと。

どんなことがあっても笑顔で、乗り越えていける力を——スクールアイドルがくれたから。

私たちも、この内浦にあふれる眩しい太陽のように。

輝く笑顔をみんなに届けたいです——。

静岡県は沼津の近く、内浦という海辺の町で結成されたスクールアイドル・Aqours。このコーナーでは9人のAqoursメンバーをエピソードやQ&Aとともに個別に紹介。新しい衣装を身につけた時の想いや総選挙にまつわるメッセージなども掲載。夏の太陽のような輝きを秘めた彼女たちの"9人9色"の魅力をお届けします。

Member of Aqours 1

高海 千歌
Takami Chika

μ'sに憧れてスクールアイドル活動を始めた少女。
三姉妹の末っ子で、実家は旅館をやっている。
海の見える露天風呂が自慢だ。

CV：伊波杏樹

夢をあきらめないこと、アイドルが教えてくれたの──

「初めまして！　私はここ静岡県は駿河湾のかたすみにある内浦の──浦の星女学院に通う高校2年生、高海千歌です！　最初はアイドルになるなんて、こんな田舎に住んでる私たちなんかにはどうせありえない遠い世界だって、やる前からあきらめてたけど。でも──諦めなければ夢は叶うってことを──あの憧れのスクールアイドルμ'sが教えてくれたから。みんなは笑うけど、私は本当に真剣なの。あんな風にキラキラ光ってる大好きなμ'sにほんの少しでもいいから近づきたい。完璧に無謀な挑戦だっていうのはもちろんわかってるけど、でも──ダメでもともとだもん☆やってみなくちゃ何も始まらないって穂乃果ちゃんも言ってたから──私たち、思い切って今最初の一歩を踏み出します」

Profile

学年 …………… 高校2年生
誕生日 ………… 8月1日
血液型 ………… B型
身長 …………… 157cm
趣味 …………… ソフトボール・カラオケ
特技 …………… 鉄棒・卓球・習字
好きな食べ物 … みかん！
嫌いな食べ物 … コーヒー・しおから

千歌のことをいろいろ教えて！ Q&A

Q.1 スクールアイドル活動の魅力とは？

とにかく歌って踊ってるだけでチカはもう最高に楽しい〜〜!!! えへへ♡ これがAqoursの魅力、かな？ 私は、元からアイドルに興味があったわけじゃなくて――どっちかっていうと、女の子らしいのは苦手で、いつもじっとしてられないタイプ。でもそのエネルギーを全部そっくり笑顔に変えて♡ みんなに届けられるのが嬉しいです！

Q.2 浦の星女学院のいいところは？

海に突き出た岬のてっぺんにある学校だから、とにかく景色がいいのはちょっぴり自慢〜♪ よく晴れた日には、キラキラ輝く海と、真っ青な空と、優雅な富士山にみかん山の緑――最高な景色を独り占めできちゃうよ！ これから夏のプールも楽しみ☆ みんなにもぜひ見に来てほしいな♡

Q.3 ニックネームはなに？

単純な名前だから、たいていは「チカ」って呼び捨てだったよ♡ おまけに3人姉妹の末っ子だから、家族からも気安くチカチカ〜って呼びつけられて、けっこうワンコ扱いだったかも――えへへ♪ だからみんなも気軽に「チカ」って呼んでください！ あとは、友達からは「チカっち」って呼ばれることもあるよ〜！

Q.4 自分で思うチャームポイントは？

ちっちゃい頃からずっとしてる――耳の横の三つ編み!! 朝、寝坊して時間がない時でもこれだけはちゃんとするのがチカの習慣なの。毎日やってるせいか、これだけはお姉ちゃんたちよりも得意でよく頼まれるよ♡ 意外と手先は器用なの。チカの数少ない女子力ポイントだよ〜♡ あと明るい笑顔も自信アリです！

Q.5 休日はどんなふうに過ごす？スケジュールを教えて！

① 7時半　起床
② 8時　朝食
③ 9時　お弁当作り
④ 10時　果南ちゃんちのある島へ船でGO！
⑤ 11時　家の手伝いをする果南ちゃんと海で遊ぶ
⑥ 12時　果南ちゃんとお昼ごはん♪
　　　　（でんぶのおにぎり！）
⑦ 14時　帰宅　お姉ちゃんに捕まって
　　　　無理やり宿題
⑧ 15時　親のおつかいでお寺の花丸ちゃんちへ
　　　　遊びに来ていたルビィちゃんも一緒に
　　　　アイドル話♡
⑨ 17時　お寺の鐘が鳴ったら帰宅　テレビタイム〜♪
⑩ 19時　夕食
⑪ 20時　お風呂！
⑫ 21時　海辺を散歩　満月がきれいで歌っちゃった！
⑬ 22時　就寝

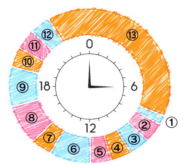

みんな、私たちのいる浦女に遊びに来てよ〜!!

Chika's voice 1
about 1st Single Dress
〜1stシングル衣装をお披露目〜

私たちの初めての歌、
内浦の青い海の上から
みんなのもとへ届け〜!!

おぉーい、だれか見てますかーっ!? えへへ♡ 私たちAqoursの初めての歌、初めてのダンス、そして初めての衣装が――ついにとうとうできちゃったよ〜!!! みんな、見てみてみて〜!!! 私たちが住んでるこの街はずいぶん田舎で、町中は知ってる人だらけ。だから、こうしてせっかくかわいい衣装ができても、見せる相手もいないし、華やかなことも特に何にもないけど――でも！ 今、この瞬間、きっとどこかで私たちのことを見てくれてる人がいるって信じて、これから精一杯がんばっていきます♡ 誰だってやればできる！ どんな小さな一歩でも、まず踏み出すことが大切なんだって教えてくれた、憧れのスクールアイドルに、少しでも近づいていけるように――♡

Chika's Message

初めて、μ'sの歌を聞いたとき。
衝撃だったんだ。
あ、もちろん、本物のステージじゃなくて、ネットで動画を見ただけだったんだけど。でも、それでも——。
本当に本当に——びっくりしたの。
なんだか目の前にいきなりキラキラのステージが出現したような気がした。まぶしくてワクワクして、ドキドキして——胸の奥がキューンってなるような。
本当にこの人たち普通の女子高生!? って思って——たちまち目が離せなくなっちゃったの。
あはははは♪ これってやっぱり、恋かな!?
幼なじみの果南ちゃんに話したら、そう言われて大笑いされちゃったんだけど——。エヘヘ♡
でもね、そういわれると、なんだかそんな気もするんだ。
きっと恋だよ、これって。チカは初恋もまだだからよくわかんないけど♪
でも、なにかわからないんだけど——とにかく、じっとしていられないような気持ち。
大好きで、惹かれて、目が離せなくて——。ずっとずっとこのままこの人たちを見ていたい。
μ'sが歌って踊る姿を見てたら、私、こうしてはいられない、なにかしなきゃっていう気持ちになったの。
そんな、こんな田舎の街に住んでる私に——なにができるわけもないんだけど。
それでも。
どうしてもなにか——したくなっちゃった。
大好きで。眩しくて。遠い遠い憧れの存在——スクールアイドル。
この春、私は憧れのμ'sの穂乃果ちゃんと同じ——高校2年生になりました。
同じ年になってみて思うのは、やっぱり自分は絶対にあんなふうにすごいアイドルになんてとてもとてもなれそうもないってことと——それでもやっぱり。
このまま、同じ年の1年を、ただなにもしないで通り過ぎるわけにはいかないっていうこと。
私だって——。私だって——なにかしたい。
憧れのμ'sにほんの少しでいいから近づきたい。
最初のお客さんはこのミカン山のみかんたち。
それでも十分。私——ただ、μ'sみたいに歌って踊れればそれでいいことにして、とりあえず、今日からスクールアイドル始めてみます!!

Chika's voice 2
about General Election
〜総選挙メッセージ〜

キラキラ輝く あなたの心の太陽に なれたらいいな♪

私たちが通ってる浦の星女学院は、田舎の地味なちっちゃい学校で——普段は、目の前の海を眺めながら地味〜な田舎ライフを送ってる私たち。でもね、心の中にはキラキラ、大好きなアイドルへのあこがれがいっぱいに詰まってるんだよ〜!! そんな私たちの気持ちをみんなに見てもらえるだけでチカは最高に幸せ♡ 本当にやりたいって思ったら——勇気を出して一歩を踏み出すこと! チカは元気と笑顔でみんなをハッピーにできる太陽みたいなスクールアイドルになりたいです!!

Aqours 第1回センター総選挙 アピールメッセージ

みんな、Aqoursに いっぱい投票ありがとう〜!!

わ、私たちのAqoursにこんなにたくさんの投票が——うわぁーん、嬉しいよ〜!!!
チカも6位で、なかなか健闘〜♪
新しい曲を早く作って
みんなにお礼がしたいな。
チカも次はセンター目指します!

Aqours 第1回センター総選挙 結果発表メッセージ

ゲーマーズ沼津店 Aqours看板娘総選挙 アピールメッセージ

いつも元気いっぱいの笑顔には自信があるチカです! 遊びに来てくれたお客さんにはせいいっぱいの笑顔でおもてなしをしたいと思ってます♡ そうだ、一緒に歌うサービスとかしちゃったらどうかな〜? あのね、歌うのってとっても楽しいんだよ! ぜひぜひあなたと一緒に歌ってみたいな♪

Member of Aqours

新しい年、まっしぐらにどこまでも走っていくぞ!!

Chika's Message

じゃじゃーん！
これが、今年のチカの年賀状ショット〜♪
えへへ♡
なかなかかわいく撮れてるでしょう？

夏に浜辺で一緒に遊んでた時、梨子ちゃんが撮ってくれた1枚なんだ☆
年末にね、お姉ちゃんに言われてお部屋の大掃除してたら、引き出しの奥から出てきたの。
この頃の梨子ちゃんは、まだ内浦に来てからそんなにたってなくて──。
学校帰りに制服のままザブザブ海に入っていくチカのこと、ものすごくびっくりして、大慌てで止めてくれたんだよね。
でもチカは、そんな梨子ちゃんの様子が、逆に楽しくてかわいくて、うれしくて──なんだか余計にはしゃいで、海に入っていっちゃった気がするな♡
ごめんね、梨子ちゃん♪
でも、そんな風にびっくり慌てながら──撮ってくれたチカの名場面〜☆
梨子ちゃんと一緒にいるせいか、リラックスした笑顔がなかなかいいでしょ？
海辺のスクールアイドルにふさわしい気がするし！
よぅし、今年も、梨子ちゃんが撮ってくれたこの写真の中のチカみたいに──どこまでもまっしぐらに私たちの夢を目指して走っていくぞ!!
だから── 新しい年も、どうぞよろしくお願いします♡　応援してください♪

TAKAMI CHIKA

Chika's voice 3
about 2nd Single Dress
〜2ndシングル衣装をお披露目〜

弾けるオレンジの
スプラッシュで
あなたを元気に
しちゃうのだ！

じゃじゃーん♪　弾けるビタミンカラーの人魚姫、チカっちの登場です！
ひゃー、もう想像してたよりももっともーっとかわいい衣装ができちゃったよぅ!!　スゴイ、これで踊ったらもう本当に本物のスクールアイドル、間違いなしだよね！　ターンするたびにヒラヒラ揺れるスカートと輝く笑顔で！あなたのハートに元気を届けられたらうれしいな♡

Member of Aqours

2

桜内梨子
Sakurauchi Riko

東京の秋葉原から内浦にやって来た転入生。
千歌の誘いによってスクールアイドル活動を始めた。
地味で控えめな性格のインドア派。

CV：逢田梨香子

アイドルとしてやっていける自信は
みんなと一緒に頑張ります♡

「浦の星女学院高校2年、桜内梨子です。私は、ただ都会から来た転校生っていうだけで――本当に性格も地味なごくごく普通の女子高生。そう何度も言ったのに――全然信じてくれない強引なチカちゃんに引っ張られて、いつの間にかスクールアイドルすることになっちゃいました。だからアイドルとしてやっていける自信は全然ないけど――こんな私でも頼ってくれるみんなのために、今は少しでも力になれたらいいなって思ってます。初めてこのみかん山の真ん中にある学校に来た時は、驚きの連続だったけど、でも今ではとっても大好きな場所になったの。私にそんな特別な場所をくれた――みんなの夢をかなえるのが私の夢。そんなやり方もあるってこと、私、ここにきて生まれて初めて知った気がします――」

Profile

学年 ……………… 高校2年生
誕生日 …………… 9月19日
血液型 …………… A型
身長 ……………… 160cm
趣味 ……………… 絵画・手芸・料理
特技 ……………… 楽器（ピアノ・ビオラ）
好きな食べ物 …… ゆでたまご・サンドイッチ
嫌いな食べ物 …… ピーマン

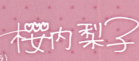

梨子のことをいろいろ教えて！ Q&A

Q.1 スクールアイドル活動の魅力とは？
最初は、もう本当に絶対私なんか無理って思った──スクールアイドルだったけど、メンバーのみんなの優しさに支えられて、なんとかがんばってます♡　だから、その友情と──こんな地味な私でも、少しは人前に出られる勇気を持てるようになったことが活動の魅力、でしょうか。これからも積極的になれるようにがんばります！

Q.2 浦の星女学院のいいところは？
浦女のいいところはなんといっても、アットホームで優しい雰囲気だと思います！　人数は少ないけど、誰もがびっくりするくらい優しくて笑顔で──転校で友達ができるか心配していた私に、悩む暇もないくらい一直線に飛び込んできてくれた、千歌ちゃんやみんな。私の宝物です♡

Q.3 好きな言葉は？
心の目で見なければものごとはよく見ることができない、肝心なことはいつも目に見えないんだ──『星の王子様』を書いたサン＝テグジュペリの言葉です。私は、美術や音楽が好きなんですけど──この街に来て、東京とは全然違う夜の星空を見上げたとき、この言葉を思い出しました。

Q.4 最近かわいいと感じたものは？
浦の星女学院は、ミッションスクールだったみたいで、あちこちに天使の絵や像が飾られているんです。中庭に面した玄関ホールにある小さな壁画の中の天使がかわいくて──毎朝あいさつしちゃいます。「おはよう」って声をかけると今日もがんばれってニッコリ微笑んでくれる気がするの。

Q.5 休日はどんなふうに過ごす？スケジュールを教えて！
① 7時　　起床
② 7時半　朝食
③ 9時　　画材を買いに沼津へ
④ 12時　 駅前で昼食
　　　　　よっちゃんに出会う
⑤ 14時　 駅前でアイドル見学に
　　　　　付き合わされる。
　　　　　そのあとカラオケに。
　　　　　歌は苦手なのに……
⑥ 18時　 帰宅
⑦ 19時　 夕食
⑧ 20時　 絵を描く（続き）
⑨ 22時半 入浴
⑩ 23時半 就寝

こんなに地味な私でも──アイドル、させてもらっていいですか？

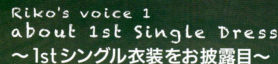

Riko's voice 1
about 1st Single Dress
～1stシングル衣装をお披露目～

こんな短いスカートは恥ずかしいけど──こっそり言っちゃうと、少しだけ快・感♡

うわ～、なんだかスクールアイドルの衣装ってヒラヒラしてフワフワして──ああ、もうなんだかすごく落ち着かなくてソワソワしちゃう～！　でも、同時に──この胸の奥が少しだけドキドキして。うぅん、本当のこと言ったら、とってもドキドキして──ちょっぴりだけ、嬉しい気持ちがするんです♡　自分でも意外だった、こんな気持ち──フフ♪　私がこんな衣装を着る日が来るなんて。積極的な性格の千歌ちゃんのおかげで、地味な私までこうしてアイドルになってしまいました♡　こうなったら、私にもできる限りがんばって、いっぱい練習して、かわいく踊っちゃうぞ！　なんて──うわぁ～、言ってたら自分で恥ずかしくなってきちゃいました!!　どうしよう♡

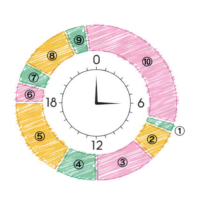

Riko's Message

お父さんの仕事の都合で、東京の秋葉原から、静岡の海辺の街、この内浦に引っ越してくることになって――。
最初は少しへこんでたんです。
だって、それまでに引越しの経験がなかったわけじゃないけど、東京を離れるのは初めてだったし――もう高校2年になってからの転校なんて、すごく――不安で。
転校が決まった時、周りのみんなは――伊豆は、気候もいいし温泉もあるし、食べ物もおいしいし、緑がいっぱいでとってもいいところだって、すごく励ましてくれて、私も――たしかに、伊豆って有名な観光地だし、近くの沼津のガイドブックとか見てもすごくにぎやかな港町みたいだし、東京からだってそんなに遠いわけじゃないし、進学するならまたこっちに戻ることだってできるし――って思って気を取り直して。
やって来たこの街で。
最初は――ものすごくびっくりしました。
だって――やっぱり、今まで住んでいた所とはすごく違っていたから。
人も少ないし、お店もあんまりないし――夜になるとあたりは真っ暗で、家の中にいても遠くから波の音が聞こえてきて――。
学校は岬の突端にあるミカン山のてっぺん。
長い長い坂を上って通うことだけは、それまで行っていた学校と似ていたかな。
でも、少子化で生徒数がかなり少なくなっていた都心の学校よりもさらに人数の少ない浦の星女学院は、みんなが地元育ちの幼なじみばっかりらしくて、まるでみんな家族みたいな雰囲気でした。
だから私、この輪の中に入っていけるのかなって、本当にドキドキして不安だったんだけど――。
そんな時。
「うわぁ～!!! すごい、梨子ちゃんって、まさかあの秋葉原から来たの!? マジで!?!?! すごい、すごすぎる～!!! さすが、超かわいい～!!! うん、やっぱりこれは運命だ!! ね、ねねね、私と一緒にスクールアイドルになろうよ♡」
頭のてっぺんから降り注いできた元気な声。
「ス、スクールアイドル!? って、そんなの私には絶対無理です!! ただ私は秋葉原に住んでいたっていうだけで、そんな華やかなこととは全然縁のない、ただの美術部員で――」
あわててそう返しても、でも全然私の言うことなんて耳に入っていないらしい、とびきりの笑顔の千歌ちゃんとの出会い。
それがすべての始まりだったんです――。

Riko's voice 2 about General Election ～総選挙メッセージ～

踊ってみたら意外に楽しくて――自然と笑顔になっちゃうんですね♡

こんなに地味な私にアイドルなんて絶対無理――って思っていたのに。みんなと一緒に踊ってみたら、なんだかとっても楽しくて。不思議です、胸の奥から湧き上がってくるこの気持ち――生まれてはじめての気分♪ これがスクールアイドルの力なのかな？ 千歌ちゃんが夢中になるのわかる気がします。まだ未熟な私たちだけど、もう後戻りはできない覚悟で、これから頑張っていくので皆さんどうか応援してください！ あ、私の場所は端っこの隅っこでもちろん全然いいですよ♡

Aqours 第1回センター総選挙 アピールメッセージ

Aqoursのために私にできること大事にしていきたいです――

転校生の私が、ちょっぴり強引に誘われて入ったAqoursで――こんなに応援してくれる人がいるなんて、本当に嬉しいです!! どうもありがとう♡ 私にできることはあんまりなくて、ただいつも一つ一つのことを一生懸命にするだけなんだけれど。そこに込めた気持ちが皆さんに伝わるといいなって思っています。

Aqours 第1回センター総選挙 結果発表メッセージ

ゲーマーズ沼津店 Aqours看板娘総選挙 アピールメッセージ

私は――どっちかっていうと内気で恥ずかしがりの方だから、接客業はあんまり自信がないんですけど――でも、そういう食わず嫌いはよくないってAqoursを通して分かったから、今はなんでもチャレンジしてみたいと思っています！ あ、でも最初は緊張して声が小さくても許してくださいね♡

Riko's Message

うわ〜、最高!
気持ちいいですよね——やっぱり。
秋の温泉♡
私、自分の家に温泉がある人がいるなんて——東京に住んでた頃には思いもしませんでした。秋葉原の私の家はマンションで、マンションサイズのユニットバスはもちろん必要十分な大きさだったけど、でも——。
これと比べちゃうと——ねぇ♡

絶対に温泉の勝ち〜♪ です。
ウフフッ、やだ、何だかあんまり温泉が気持ちよすぎて——いつもよりもはしゃいじゃってるみたい、私。
なんだか、恥ずかしいな。
2学期になって涼しい秋風が吹くようになってから、私たちAqoursのメンバーは最近よく、練習の後、こうして千歌ちゃんの家の温泉に入りに来てます。
あなたも一緒に——いかがですか?

Riko's voice 3
about 2nd Single Dress
〜2ndシングル衣装をお披露目〜

恥ずかしいけど——でもやっぱり見てほしいから♡

こんなにおへその出ちゃう衣装で、初めて見たときは、もう見ただけで顔が真っ赤になっちゃって、困ってしまってどうしよう、私には絶対無理——ってちょっと固まっちゃったんです。でもね、そんなとき——千歌ちゃんが言ってくれて。水着だと思ったら、ずーっと隠れてるところが多いよ?って。ウフフ♡ そんな風に考えたら、それもそうだなって思って——頑張って着てみました。まだちょっぴり恥ずかしいけど——どうですか? 本当にステキな衣装だから、似合ってると——嬉しいな♪

松浦果南
Matsuura Kanan

面倒見のいい性格で、
幼なじみの千歌につき合って活動を始めた。
淡島でダイビングショップをやっている祖父とふたり暮らし中。

CV：諏訪ななか

眩しい太陽と青い空を見ているだけで
私は毎日幸せ！

「私、松浦果南はここ内浦の海で家業のダイビングショップを手伝ってる高校3年生。内浦の自慢は、緑の山に青い海、広い空には眩しい太陽とぽっかり浮かぶ白い雲──そんなきれいな景色を見ているだけで、私は毎日十分幸せ。あっ、でもそこに加えて長年の仲良しの気心の知れた幼なじみの存在──っていうのも入れておかないとチカが怒るかな？　くすくす。私の幼なじみのチカは、少し心配性で幼くて、でもすごく元気でいつも突飛な発想力だけは際立ってて──最近、また何か変なことを思いついたらしい。でも、青い波に揺られながら、何も考えずにまっすぐ泳いでいると、なんだか頭の中が空っぽになってきて。とりあえずかわいい幼なじみの計画を手伝ってやらなくちゃっていう気分になるから不思議だね」

Profile

学年 ……………… 高校3年生
誕生日 …………… 2月10日
血液型 …………… O型
身長 ……………… 162cm
趣味 ……………… 天体観測・水泳
特技 ……………… ダイビング・操船
好きな食べ物 …… さざえ・わかめ
嫌いな食べ物 …… 梅干

果南のことをいろいろ教えて！

Q.1 スクールアイドル活動の魅力とは？
これまで、放課後は家業のダイビングショップの手伝いばかりしてた私の生活に──急にダンスとか歌とかがやって来て。なんだかまだちょっと恥ずかしいけど──でもみんなと過ごす楽しい時間は、急に普通の高校生になった気分。どこまでいけるか分からないけれど──こうなったらチカの言うとおり"一等賞"目指して走り抜きたいです！

Q.2 浦の星女学院のいいところは？
長く地元に住んでる子が多いせいもあって、みんなお互いのことよく知ってるし──趣味とか性格の違いにこだわらず、おおらかな雰囲気がいい学校だと思います。やっぱり広い海に囲まれてるせいかな──細かいことはどうでもよくなっちゃう感じ？ クスクス♡ すぐに海に飛び込めるのもいいけど、そんなことしてるのは千歌と曜くらいかも？

Q.3 内浦の好きな場所ベスト3を教えて！
小さいけど白砂のきれいな内浦の浜辺に、淡島、学校のプールから見える富士山、学校のミカン山の真下にあるバス停脇の小さい堤防。あ、4つになっちゃった。あとは、チカの家の旅館の露天風呂から見える富士山もいい眺めでおすすめ！ ってこれじゃあ──宣伝みたい？ でも、本当に──練習後にあのお風呂にメンバーみんなで入るのはすごくいい時間なんだ♡

Q.4 お風呂に入る時はどこから洗う？
えええ～、そんなこと聞くの!? やっぱり、島でダイビングスクールをやってるじいちゃんと一緒に暮らしてて、昔から海に入ることが多かったから、髪の毛から洗うのが習慣になってるかな？ あとは上から順番！ もう、そんなこと──聞かないでよね♪

Q.5 休日はどんなふうに過ごす？スケジュールを教えて！

① 6時　　起床
② 6時半　朝食
③ 7時　　天気予報チェック
④ 8時　　買い出し
⑤ 9時　　タンク等ダイビングギアのチェック
⑥ 10時　チカが来た！
⑦ 12時　昼食
⑧ 13時　ダイビング
⑨ 16時　入浴
⑩ 18時　夕食
⑪ 21時　チカと浜で会う
⑫ 22時　就寝

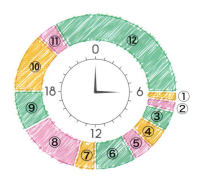

いろんな子がいるけれど、みんな仲良くやってます──♡

Kanan's voice 1 about 1st Single Dress
～1stシングル衣装をお披露目～

踊ってみるのって──意外に楽しくなるってこと新発見！さ、キミも一緒に踊ってみよっ♡

初めてこの衣装を見たときには、本当にあまりにもあんまりで──私にこんなにヒラヒラした女の子らしい衣装が着られるのかって思ったけど──こうして1度着てしまえば、案外なれるものですね♡ 今ではほとんどなりきって、アイドル風に踊ることにもずいぶん慣れてきたみたい。千歌に誘われて、何にも考えずとりあえず始めたスクールアイドル活動だけど──意外に適性があったのかも。こんな風に衣装を着て、みんなでダンスの練習なんてしてると──なんだか、ただただ無心に楽しい自分に気が付きます。とくに、内浦の小さなビーチでする練習の時間は最高!! 青い空と海に響く明るくてエネルギッシュな曲とダンス。ぜひ1度、キミにも見にきてほしい──な。一緒に踊りたくなるよ、きっと♡

Kanan's Message

ええぇ〜、スクールアイドルになる!?

もう、また変なこと言い出すんだから、チカは——。
ほんっと、いつも変な事ばっかり考えてる子だよね。
小さい頃からよく知ってるけど——本当に、いつもかわいい顔して突飛な事ばかり考えてた。
内浦の浜辺に星の砂を作る方法とか、私の住んでる島まで橋をかける方法とか——。
くすくす♪
浜に橋をかけて、いつでも私の住んでる向かいの淡島まで遊びに行けたらいいのにっていうその発想が——かわいくて私はちょっぴり嬉しかったけど。
でも、まあとにかくこの辺は子供もそんなに多くなかったから、1つ年下だけど、海で泳いだりスポーツが好きなチカとはなにかと一緒になることが多くて、仲がいい——っていうよりは、なんだかもうほとんど腐れ縁？　みたいな感じでずっと一緒にいたんだよね。
だから、とりあえず、なんでも——相手がやることには付き合うって言う感じで今まできたの。
フフ。だから、あの子が大好きで私の苦手なカラオケに何度付き合わされたことか——。

ふぅ——。
それが今度はスクールアイドル？
まあ、こんな田舎の浜辺の街で、アイドルもなにもないと思うけど——でもまあ、あの子がやりたいって言うなら、とりあえず付き合うしかないでしょ。
こんなところで、高校生がなにかやりたいってなったら——助け合わなきゃ。
私は家業のダイビングスクールの手伝いがあるし、島住まいだけど、その分、もともと部活はやってなかったから時間なくはないし。
唄ったり踊ったりは——柄じゃないけど。
コピーバンドぐらいならできる、んじゃないかな？
でも——。
ちょっと気になってるのは、チカは憧れの「μ's」目指して頑張る！　って今から握りこぶし作って張り切ってるけど。
そもそも、私たちの通う浦の星女学院は、μ'sのいた音ノ木坂学院とは違って、もう廃校になることは完全に決定済なんだけどな。
大丈夫かな？　あの子ホントに分かってるかな——。

Kanan's voice 2
about General Election
〜総選挙メッセージ〜

みんなも私たちと一緒に踊ってくれたらすごく嬉しい！

今でもスクールアイドルってよくわからないけど——こうして初めての自分たちの曲を歌って、踊ってみて——思ったことは、何だか自然と笑顔になっちゃう歌だっていうこと！　ね、キミもそんな気がしない？　これまでは、いつも1人で青い海の彼方を見ているときが1番幸せな時間だったけど——これからは、みんなで過ごす時間が増えそう♪　だから、キミも一緒に踊ってくれたらうれしいな！　キラキラ眩しい海に輝く太陽みたいな笑顔で♡　私たちの心のセンターはキミだよ!!

Aqours
第1回センター総選挙
アピールメッセージ

海の季節がきたらもっと活躍したいです！

果南を応援してくれた皆さん、ありがとう！
今回は3年生が振るわなくて——
ごめん、次はもっと頑張るね！
私の大好きな海の季節が来るまでに、グラビアができるように順位上げていかなくちゃね♪

Aqours
第1回センター総選挙
結果発表メッセージ

ゲーマーズ沼津店
Aqours看板娘総選挙
アピールメッセージ

もし私が看板娘に選ばれたら、お店に来てくれたみんなを一緒に海に連れて行ってあげたいな♡　内浦からは少し距離があるけど、沼津にも千本浜やきれいな海はいっぱいあるんだから。よく晴れた日に、買い物デートをした後は、堤防に2人並んで——ああ、あの景色を本当に見せてあげたいよ！

Kanan's Message

今日の最大深度は22メートル、海の透明度は良好、気温水温ともに適温、波もなくて空は快晴——もう本当に最高のダイビング日和！
こんな日は——この内浦に生まれて本当によかったって思うな。知ってる？
私たちの住んでいる、ここ内浦の海は駿河湾——日本でも1番深い湾として有名な場所の。
その深さはなんと2500メートル！
もし万一、ダイビング中にそんな海のポケットに落っこちちゃったらひとたまりもないけど——でも、そんな風に深い分。

ここにはほかにはない少し変わった海の生き物やすごくきれいな水中の景色が広がっていて——ああ、みんなに見せてあげたいな♡
そうだ、もし来てくれたら私がキミのバディになって全部案内してあげる！
大丈夫、こわくなんかないから♡
ずーっとぎゅっと。
手をつないでいくから安心して？
最高にきれいな音のない海の中の世界で2人だけの散歩しよっ！

Kanan's voice 3
about 2nd Single Dress
〜2ndシングル衣装をお披露目〜

**春の海の上をわたる
風みたいに
あなたの心に
届きますように**

新しい衣装は風をはらんでゆれるきれいな色がすっごくいいと思う！ 相変わらずスカート丈はものすごく短くて——普段パンツが多くて、けっこう乱暴モノの私にはちょっとひやひやするところもあるけど——あはは♡ 新しい歌、早くみんなに聞いてもらえるといいな。内浦から春の海の香りを感じて、一緒に歌ってもらえたら最高です♡

Member of Aqours 4

黒澤ダイヤ
Kurosawa Dia

旧網元で地元でも有数の名家である黒澤家の長女。
浦の星女学院では生徒会長を務める才女。
完璧主義者でプライドが高い。

CV：小宮有紗

> この私が入るからには——
> 絶対に勝てなきゃ承知しなくてよ!?

「本当ならこの私がスクールアイドルなんていう破廉恥な活動に関わるなんて、ありえないことだったのですけれど——勝負に負けた以上は仕方がありません。まだ幼い妹という人質もとられていますし——ラブライブ！に向けての活動には参加はすることにいたします。でもこの私が参加する以上は——絶対に優勝の2文字以外は許されませんわよ？ 黒澤家の娘に2度の敗北は似合いませんから。私をメンバーに参加させたことを——後悔させてあげますわ♡ 覚悟していなさいね、チカさん？ フフ」

Profile

学年	高校3年生
誕生日	1月1日
血液型	A型
身長	162cm
趣味	映画鑑賞・読書
特技	和琴・唄・着付け
好きな食べ物	抹茶味のお菓子・プリン
嫌いな食べ物	ハンバーグ・グラタン

ダイヤのことをいろいろ教えて！ Q&A

Q.1 スクールアイドル活動の魅力とは？
アイドルなんて興味ないって思ってたけど──ラブライブ！の大会システムはまるで野球の甲子園みたい！ 問われるのは、歌にダンスにルックスに企画力、コミュニケーション能力にプレゼン、宣伝プロデュース──まさに女子の総合力よね？ 女の子だって勝負には勝ちたいの♡ わたくし──この戦、絶対に天下取ろうと思ってます。

Q.2 浦の星女学院のいいところは？
何の変哲もない、田舎の小さな高校だけれど──わたくしが思う利点は、その田舎ならではのアットホームさと伝統です♡ こう見えて創立100年を超える伝統があって、田舎には珍しいミッションスクール。イースターやクリスマスのイベントは街の子供に人気だし、代々受け継がれている聖歌隊はイベントでも活躍しています。

Q.3 習い事はしていましたか？
小さい頃からたくさんしていたわ。稽古始の6歳の6月6日を待ちかねるようにして──御琴のお師匠様のところに連れて行かれたのを覚えてる。他にもお茶やお花はもちろん、ピアノにバレエ、公文に英語も。英語のレッスンが1番好きだったな。みんなで集まって歌ったりゲームしたり、普通なんだけどそれが──楽しかったの。

Q.4 自分用にマスコットキャラを作るとすれば、どんなモノをデザインしますか？
うさぎ。白いうさぎがいいわ。あとは──着物が好きだから──日本人形の市松さんみたいなデザインもいいと思う。ふわふわした肌触りのいい生地にしてね？ 衣装のイメージカラーは赤と金と黒。どうかしら？ ゴージャスなんだけど、シックで清楚っていう私の気分がよく伝わればいいけど。ゆるキャラは絶対嫌よ？

Q.5 休日はどんなふうに過ごす？ スケジュールを教えて！

① 6時半　起床
② 7時　朝食
③ 8時　庭の散策
④ 9時　学習
⑤ 12時　昼食
⑥ 13時　お稽古事のおさらいの時間
⑦ 15時　お茶会（御琴の先生のお誘い）
⑧ 17時　帰宅・入浴
⑨ 18時　夕食（親の仕事関連のお客様が来て夕食会）
⑩ 19時　妹のルビィが叱られてるのに巻き込まれて時間ロス
⑪ 20時　外国語の通信学習
⑫ 21時　読書
⑬ 22時　明日の支度をして就寝

> このメンバーでいつか全国制覇！ 志は大きく持たなくっちゃね♪

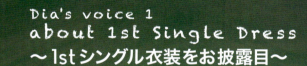

Dia's voice 1
about 1st Single Dress
～1stシングル衣装をお披露目～

> ダンスも歌も、この私にできないことはなくってよ♡ 楽しみにしていてね？

いかがかしら？ わたくしのスクールアイドル姿。フフ。ドキッと──しました？ ええ、もちろん、それで──いいと思うわ。それで正解よ♡ 完璧な大和撫子のこの私が──まさかのスクールアイドルをしてしまうんですもの♪ 普段は、制服やお着物のことが多いから、もちろんこんな衣装を着るのは生まれてはじめて。でも、我ながら──なかなか似合っていると思うわ。やっぱり、素材がいいと、何を着させても輝いてしまうものなのね！ 最初に千歌がわたくしをスカウトに来た時は、そんなことあるわけないじゃないと思ったけれど──今の姿を見たら納得♡ そう考えると、なかなか見る目があるのね、千歌って。見直したわ♪

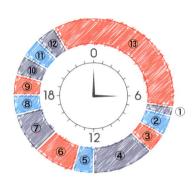

Dia's Message

スクールアイドルって一体なんですか、それは。よく――意味が分かりません。
まあ、いいです。
だいたい見当は付きますから。
どうせ――学校でアイドルの真似をして、ヒマな放課後の時間を埋めようという試みでしょう？
私は――そのようなことには参加いたしません。
そんな時間もありませんし、そもそもその気も全くありませんから。
ご存知かしら？
私――これでも忙しいんです。
連日の習い事に日々の学習、いくら小さな学校とはいえ、生徒会長職もしていれば雑事にも追われますし、総領姫として生まれた長女であれば、実家の家業を継ぐ身として手伝いや、パーティーへの動員などもありますし――。
ええ、父は公職のかたわら、多くの事業をしていて、家はそれに振り回されてみな忙しいんです。
あ、もちろん邪魔はいたしませんから、どうぞお好きに活動なさって。
私が生徒会長と言ったって、どうせ誰もなり手がいない上に、実家が有力だからっていうだけの中身のない名誉職みたいなものですもの。
とくに学校に対する希望や理念はないの。
学校生活の風紀を特別乱すというのでなければ、全く反対はしません。
スクールアイドルって要は部活動なんでしょう？
活動する場所なら、体育館でもグラウンドでも、裏のミカン山でも――どこでも空いているところを使えばいいわ。
別に気にする人もいないでしょ？
ただ――。
とにかく私は関係ないわ。
金輪際しない。
アイドルなんて――そんな軽薄なもの、絶対にしない。それじゃあ――もういいかしら？
ごきげんよう。今日はこれから御琴のお稽古があるの。千歌さんたちのご活躍をお祈りしますわね――。

Dia's voice 2 about General Election 〜総選挙メッセージ〜

わたくしのこと――ずっと見つめていてもよくってよ♡

スクールアイドルとしての初めての曲に、メンバーのみんなは盛り上がって、盛り上がりすぎて――もうなんだかどうにかなっちゃいそうな勢いだけれど。わたくしは大丈夫、落ち着いていてよ。だって、最初の一歩のそのあとには、必ず2歩目がある――フフ。こんなこと兵法なら初歩の初歩でしょ？　わたくしは常に先を見据えて動いているわ♪　兵を布陣するならまず高所♡　この後の戦略はわたくしに任せて下さっても結構よ？　だから――もちろん、センターはわたくしにね♡
Aqours 第1回センター総選挙 アピールメッセージ

この位置からの下剋上を見せてあげてよ？

わたくしを応援してくださった皆さん、本当にありがとう♡
うーん、個人的にはもう少し上だと思ったんだけど。ま、いいわ。
ここから下剋上するのも最高のドラマ。
いいこと？　次は絶対に1位よ♡
Aqours 第1回センター総選挙 結果発表メッセージ

ゲーマーズ沼津店 Aqours看板娘総選挙 アピールメッセージ

看板娘なんて――いまどき、ただ看板娘がいるっていうだけで売り上げがアップするなんていう考えが甘いと思うわ！　だからもしわたくしが看板娘になるのなら――ただそこにいるだけじゃなくて、レイアウトから仕入れ、サービスまでしっかり見て差し上げますわ♡
そういう活動は意外と好きなんだから♪

Dia's Message

歌っていると──不思議な気持ちになる時があるの。なぜかしら？
もっと──何かを伝えたいような。
私の中に、みんなに伝えたい何かが、いっぱいにたまってきて、海の潮のように大きく満ちて、そしてあふれて──解き放たれていく。
そんな、感じ──。
これまで、私は1度だって、歌を歌ってみたいなんて思ったことはないし、もちろん、スクールアイドルになんて──千歌ちゃんからどれほど誘われても、絶対にそんなことありえないって思ってかたくなに拒絶し続けていたのに。

今、なぜか──。感じるの。誰かに何かを伝えたい。
今の私の気持ち──。
きっと、Aqoursに入ってから、変わり続けている今の自分が何かを打ち破ろうとしている──。そんな気がします。
まだ恥ずかしくて誰にも言えないから。
ここでこっそりあなたにだけ。
伝えます。私の心の中の歌。
ここで、この街で。こうして歌っている自分が好き。
何にもないけど──この街が好きで。
この学校が好きで。友達が好きで。家族が好き。
私、そんな気持ちが私の中にもあったこと──知らなかったの。

KUROSAWA DIA

Dia's voice 3
about 2nd Single Dress
～2ndシングル衣装をお披露目～

あなたの心の隙間にスルリと忍び込んでみせますわ♡

新しい衣装は、前よりも少し大人らしくて、わたくしはわりと気に入っているの。まるで竜宮城の乙姫みたいにエレガントでしなやかで、わたくしには合っている気がするのだけど、どうかしら？ ウフフ──もし褒めてくれたなら、わたくしはあなただけの乙姫になって、ずっとあなたを地上に返してあげない♡ わたくしのとりこになったらいいんだわ♪

Member of Aqours

渡辺 曜
Watanabe You

高飛び込みの選手で実力はナショナルチーム級。
職業系制服好きという面を持つ。
フェリーの船長を務める父親を尊敬している。

CV：斉藤朱夏

今からラブライブ！に向かって船出します！敬礼!!

「浦の星女学院高校2年1組、28番、渡辺曜です！特技は高飛び込みと天気予報！得意技は前逆宙返り3回半抱え型です!! 以上!!! ……ってやばい、なんかもう言うことないんですけど——どうしよう、やっぱり私、アイドル向いてないかも。えっと、あとは日課は筋トレとランニング、尊敬する父親の跡を継いで、将来はフェリーの船長になれたらいいなと思ってます！ うーん、本当にこんなんでいいのかな？ アイドルの自己紹介——に全然なってない気がするけど、まぁいいか！ やってみたら歌ったり踊ったりするのは意外と好きだったことに気付いたし、チームプレイも楽しいです♪ それでは渡辺曜、今からラブライブ！に向かって船出します！ 発進!! 敬礼!!!」

Profile

学年	高校2年生
誕生日	4月17日
血液型	ＡＢ型
身長	157cm
趣味	筋トレ
特技	高飛び込み・体感天気予報
好きな食べ物	ハンバーグ、みかん
嫌いな食べ物	刺身、パサパサした食べ物

曜のことをいろいろ教えて！  Q&A

Q.1　スクールアイドル活動の魅力とは？
こーんなに雑な性格で、体育会系の曜でもできちゃうんだから、きっとスクールアイドルってがんばれば本当に誰でもチャレンジ可能なんだと思う～!! だからそれが1番のすごいって思ったところかな♪ アイドルってすごく遠い存在かと思ってたけど、千歌ちゃんの言う通り。やってみたらできたし、楽しいし──けっこう快感！　だよ♡

Q.2　浦の星女学院のいいところは？
曜が1番に思いつくのは──海の見えるプール!! プールなのに海がまぢかに感じられるっていうのがすごくいいんだよね♪ 屋外だから夏しか使えないけど、いつか浦女のプールで水着限定サマーライブなんてできたらいいな。盛り上がったらみんなでジャボンと飛び込んじゃうのだ！　ヨーソロ～♪

Q.3　職業系制服が好きとのことですが、どの制服がお気に入りですか？
もっちろん1番好きなのは船員の制服～！ 階級章や制帽もかっこいいよね♡ 昔、お父さんの制服をかぶっては、よく船長ごっこしてたな。きっと一生変わらない私のあこがれナンバー1の制服だと思う。あとは、海上自衛官とか海上保安庁もかっこいいよね♪ やっぱり海でお仕事する制服がお気に入りです♡

Q.4　曜と果南なら、どちらが早く泳げますか!?
自分で言うのもなんだけど──エヘヘッ♪ そりゃーやっぱり曜ちゃんじゃないかな～？ あ、あはははっ♪ あのさ、実はこう見えて曜ちゃんさ、飛び込みの全日本の強化指定選手メンバーに入ってるんだよ～！ 意外でしょ？ 果南ちゃんはダイバーだから持久力はすごいけど瞬発力では曜の勝ちなのだ～！

Q.5　休日はどんなふうに過ごす？スケジュールを教えて！

① 7時　起床／ジョギング・筋トレ
② 8時　朝食
③ 9時　プール
④ 12時　昼食（学校でお弁当！）
⑤ 13時　プール
⑥ 15時　おやつ休憩にみんなが遊びに来た！
⑦ 16時　プール終了
⑧ 17時　水族館のカフェでおやつ
⑨ 18時　帰宅・入浴
⑩ 19時　夕食
⑪ 20時　寝落ち

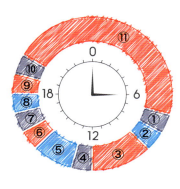

みんなも一緒にスクールアイドルしちゃいましょ～!!

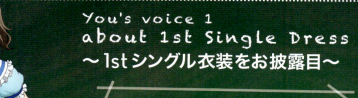

You's voice 1 about 1st Single Dress ～1stシングル衣装をお披露目～

いよいよこれからアイドルとしての航海が始まるぞっ♪ みんな、ヨーソロー!!

じゃじゃじゃーんっ♪ どっかな？ 浦の星女学院高校2年、渡辺曜！ の──スクールアイドルバージョン♪ なんか、へんにスースーして、いつも着てる水着姿より恥ずかしいっていうのが、我ながら不思議な気分です。えへへ♪ みんなからは、いつもあんなぴっちびちの水着を着てて全然平気の曜にだけは言う資格ないとか、散々突っ込まれたけど──でも、ねぇ？ 競泳用水着は、なんていうか──制服みたいなものだし。でも、こっちの方はなぁ～。なんだかかわいすぎて、思わずよーちゃん別人になっちゃったみたいな気がしてます☆ 思わず内またになって言っちゃいそう。みんなっ、Aqoursのことこれからずっとずっと見ていて下さいね～♡♡♡ なんちゃって♡♪

You's Message

私は浦の星女学院2年、渡辺曜、16歳。
特技は水泳の高飛び込みで、これは子供の頃からやってます。
ここは海辺の街だから、泳げる場所はいくらでもあるし、みんな泳ぐのは得意だけど──飛び込みってなると、ちょっと違うっていうのが私の唯一の自慢かなぁ？
小さい頃はね、毎日、岩場の大きな岩から飛び込んだり、堤防から飛び込んだり、みんなピョンピョン海に入って遊ぶんだけど──中学生くらいになると、もうそんなに泳いだりしなくなるでしょ？
でも私はやっぱりどうしても海が好きで──いまだにこうして学校のプールでも毎日泳いでる。これってやっぱり父親の影響かな？
私のお父さんは、この伊豆半島から出る定期船の船長をしてるの。小さな頃はよく、一緒に船に乗せてもらったりしてたんだ。
海を走る船の上はいつも、ハッと息をのむ爽快さで──風を切って走る船の甲板に出ると、まるで世界をひと掴みにしたみたいな気になる。
どこまでも青い海と、どこまでも白い空しかない景色。何度乗っても大好きで胸がときめいて──いつだって、私、そのあまりの気分良さに、そのまま海に飛び込みたくなっちゃうんだよね！

バッシャーンって。
高速船の高い甲板から飛び込むと、舞い散るスプラッシュ。暑い甲板の空気からたちまち水に包まれる──ひんやり、最高の快感！
フフッ、こんな体育会系の私でも──本当にアイドルになんてなれるのかな？
もし本当のスクールアイドルになってステージの上に立つことができたらその時は──大型船の甲板の上、船長気分で「ヨーソロー！」って言っちゃいそ♡
なんでもまずは気分に任せて飛び込むタチだから。
アイドルの海にも──どぼんってめいっぱいジャンプインしてみます！
それでは──あの沖に輝くアイドルの星を目指して全速前進！ヨーソロー!!

You's voice 2 about General Election 〜総選挙メッセージ〜

いつだってまっすぐに、ただ前を向いて進むのだ！

えええ〜、曜がセンターになんて、無理ムリむ〜り〜!!! だって、もしみんなの真ん中で──振りを間違えたりとかしちゃったら、すごい目立っちゃうじゃん、そんなの困る…。私、もともと運動は得意だし、体を動かすのは大好きだけど、いつもダンスの時は、楽しく頭を空っぽにして踊ってるから──たまにとんでもないオリジナルになってたりするんだよね──テヘへ！でももしセンターになったら、スペースを気にせず思いっきり踊れてそれも楽しいかな？ 楽しいのはいつでも歓迎です！ ヨーソロー♪

Aqours 第1回センター総選挙 アピールメッセージ

Aqours 第1回センター総選挙 結果発表メッセージ

**みんな、投票してくれてありがとう!!
憧れのセンター目指して発進します♪
ヨーソロー!!**

うわぁ〜、どうしようどうしようどうしよう!! まさか私が1位になるなんて、もうびっくりして心臓がバクバク──破裂しそう！
本当に曜なんかにセンター務まるのかなぁ？
もうこうなったら開き直って、センターポジションのど真ん中で、曜がどんなヘマをしでかすか、みんなに見守ってもらうしかないかもね！
エヘヘ♡ それにしても、今回私のことを応援してくれた皆さんには本当にどうもありがとう〜!! 実はやっぱり、すっごい──嬉しい、です♡
選んでよかったって言ってもらえるセンターになれるように、なんとかこれから頑張ります!!

ゲーマーズ沼津店 Aqours看板娘総選挙 アピールメッセージ

ヨーソロー!! って元気にお客さんに挨拶するだけでいいなら自信あるけど──看板娘かぁ……曜に務まるかな?? あ、でもふだん飛び込みで鍛えてるから、体力だけは自信があるよ！ 重いものを運んだり、在庫を並べたりとかそういうのなら役に立てるかもね☆ 倉庫係希望ですっ!!

内浦の漁港に降り立った渚のシンデレラ
どこまでもまっすぐ印でがんばります！

You's Message

全速前進！　ヨーソロー!!
エヘヘ☆
今日はみんなで地元のイベントの応援に来たんだよ～♪
地元密着のスクールアイドルならではのお仕事、楽しいよねっ！
お礼にアジの干物もらっちゃった♡
こんな風に少しずつでもたくさんの人の目に触れて、少しでもAqoursに興味を持ってくれる人が増えて、
みんなに──応援してもらえたら本当に嬉しいよね！
私たちが住んでる街は、田舎で──。
最初はさ、ほら、どこにいっても「浦女のお姉ちゃんたちがなんかやってるよ」って、本当にただの部活としてすまされてた気がするんだけど。
でもね、千歌ちゃんたちの活躍もあって──最近ではだんだん、世界に飛び立て！って応援してくれる人も出てきてくれてるんだよ──あ、ま、まぁ、世界に飛び立て！っていうのはきっとたぶん半分くらい──っていうか、かなり全面的に冗談だとは思うけど、さ。
あ、あははは──♡
でも、いいんだ☆
最初はそれでも。
ここ内浦の漁港から──私たち、みんなに伝えたいんだ。
私たちが──ここにいること。
みんなですごく頑張ってること。
いつか、この場所が空っぽの廃校になっても。
私たち、Aqoursがいたこと──ずっとずっと。
覚えててほしいんだ♡

You's voice 3
about 2nd Single Dress
～2ndシングル衣装をお披露目～

**あなたと一緒に
輝く海の
向こうへ飛び込むの♡**

私がセンターなんて、今でも信じられないし、どっちかっていうと、やっぱりじつはやめておいた方がいいんじゃないのかな──なんて、まだ思ってるんだけど♡　でも──エヘヘ☆　こんなにかわいい衣装を見ちゃったら、もうセンターの自信ありませんなんて言ってる場合じゃないよね！　どう？　似合ってるかな？　なんか自分でも意外なくらい似合ってる気がするんだけど──まさか私の気のせいとか目の錯覚とかじゃないよね、エヘヘ☆　この衣装で歌って踊ったらまるで人魚姫みたい♡　曜にも少しは乙女心があるって初めて発見♪　王子様に捧げちゃうのだ！　ヨーソロー♡

Member of Aqours

津島善子
Tsushima Yoshiko

自分のことを不運な悪魔だと思っており、
堕天使ヨハネを名乗る個性派メンバー。
沼津出身で、洋服は小悪魔ファッションを好む。

CV：小林愛香

> 私のことは堕天使のヨハネって呼んでね♡
> あなたを恋の地獄に落としてあげる♪

「このヨハネの黒い瞳を見つめているだけで――あなたは絶対に恋に落ちちゃう♪ あなたを永遠に燃え盛る恋の地獄に落としてあげちゃう堕天使アイドルの津島善子ヨハネです。ね、知ってる？ ヨハネって実は――アクマなの♡ だって、遠足に行けば必ず雨が降るし、雪が降れば絶対に転ぶし、コンビニのくじ引きも1回もあたったことないし、インフルエンザにかかったのは期末試験の直前だし――この運の悪さってただ事じゃないもの♪ きっとあまりにかわいいせいで神の怒りに触れた罪深い堕天使ちゃんなのね♡ どう？ ヨハネと一緒にあなたも堕天してみない？ きっとすっごく楽しいんだから♪」

Profile

学年　　　　　　高校1年生
誕生日　　　　　7月13日
血液型　　　　　O型
身長　　　　　　156cm
趣味　　　　　　小悪魔ファッション
特技　　　　　　ゲーム・魔法
好きな食べ物　　チョコレート・苺
嫌いな食べ物　　みかん

善子のことをいろいろ教えて！ Q&A

Q.1 スクールアイドル活動の魅力とは？
そうね、スクールアイドルの魅力は、なんといっても可愛い衣装がいっぱい着られるところかしら？　みんなそれを着た悪魔のヨハネに夢中になって——地獄に落ちちゃうの♡♡　コスプレみたいなんて言われずに、いろんな衣装を堂々と着られるところが気に入ってるわ！　ただいまリクエスト募集中。ヨハネに似合う衣装を教えてね♪

Q.2 浦の星女学院のいいところは？
悪魔のヨハネも——意外と居心地よくすごせるところ、かな♪　浦女は生徒の人数が少ないからさみしいかなって最初は思ってたけど、そうでもないし——っていうか、意外と騒々しいし——クスクス☆　人数が少ない分ヨハネが目立ててるのも気に入ってます♡　これから浦女をヨハネのラブリーヘルに変えてやるのだ～♪

Q.3 どうして自分のことを「ヨハネ」と呼ぶのですか？
そんなの決まってるわ。本当の名前がヨ・ハ・ネ、だから♡　いーい？　初めてだから言っておくけど、戸籍に書いてある名前は私の本当の名前じゃないのよ。だ、って、よ、よりによって——よ、よよよよよし——こだなんて、そんな、まさか、私の名前が善子なんて、あああああありえないでしょう！？！？

Q.4 お弁当はいつもどこで食べるの？
教室かプールサイドかな。わ、わりと——1人で食べるのが好きなの。なにしろ悪魔だから。浦の星は地元から徒歩や自転車で通ってる子が多いんだけど、私は沼津からバスで来てるから時間かかるの。だから——お弁当は1人でゆっくり食べたいわ。そんなヨハネと一緒に食べたい？　なら許してあげてもいいわよ♡

Q.5 休日はどんなふうに過ごす？スケジュールを教えて！

① 8時　起床
② 9時　朝食
③ 10時　あてもなく沼津の街へ
④ 11時　1人で映画を見る
⑤ 13時　昼食（千本浜でサンドウィッチ）
⑥ 14時　市場前のミニステージでイベントチェック
⑦ 15時　沼津駅前の駅ビルでファッションチェック
⑧ 17時　帰宅
⑨ 18時　宿題
⑩ 19時　夕食
⑪ 20時　入浴
⑫ 21時　今夜の夜更かしに備えてコーヒータイム
⑬ 22時　音楽を聴きながらネットチェック
⑭ 23時　夜中に悪魔の儀式を行う準備
⑮ 24時　いつのまにか寝てた

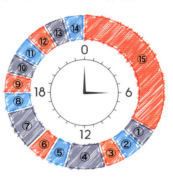

世界中どこにいたってアイドルになれるって証明してあげる♡

Yoshiko's voice 1 about 1st Single Dress
～1stシングル衣装をお披露目～

いよいよ始まる
ヨハネとリトルデーモンたちの
パーティータイム♪
あなたをとことん堕としてやるわ♡

さあ、みんな、準備はいい？　いよいよ——その時はやってきたのよ。この最高にかわいくて刺激的で目を離せないヨハネの姿を見ちゃったからには——このまま、地獄の底の、底の底、最下層まで——一気に堕天してしまうのよ♪　そして、あなたが、もうヨハネなしでは生きていけない、そんな身体になってしまったら——その時は、ヨハネが責任取ってあげる♡　大丈夫、これからはずっとずっとヨハネと一緒よ？　遠足の日に雨が降っても、運動会の徒競走でなぜかコケても、それはあなたがヨハネのファンであるしるし♡♡　バッドなことがあった日は、Aqoursの歌を聞いて元気を出して！　悪魔ガールのパーティーはまだまだこれからが本番なんだから♡

Yoshiko's Message

はぁい、みんな♡　伊豆のビーチから登場した、輝くTWINKLE☆スター、みんな待望のニューカマーはこのヨハネよ♪　待っててくれた？
ヨハネは──こう見えて元は天使だったの♡　スゴイでしょ？
でも、なーんにも悪いことしてないのに、いつの間にか堕天使にされて──今ではすっかり、カラフルな悪の魅力を振りまくアクマになっちゃった♪
きゃはっ♡
でも、ヨハネは知ってるわ。
人って本当はいつだって──ちょっぴり悪いほうが魅力的でドキドキするものでしょう？
みんなが大好きなのは、いつだって、清らかで表情のない聖女よりも、かわいくてかっこよくて美しくて──でも胸がドキドキするどこかイケナイ感じだって。
胸が痛くなるほど甘くて切ない美味しい果実。
それは、アダムとイブのお話に出てくるあの禁断の知恵の木の実のように──絶対にかじっちゃいけないのに、絶対にかじりたくなるものなのよ♪
だから、そんなイケナイ魅力をたーっぷり知ってる悪魔のヨハネを、みんなもちょっぴりかじってみない？
ひとくち食べたらもう絶対に元の世界には戻れないんだから♡

や～ん、楽しみ♪
ヨハネのファンになってくれるかわいいリトルデーモンたちには、とっておきのヨハネのステージを見せてあげる！
実は、ずっと前からこんなこともあるかと思って歌とダンスのレッスンはしてきてたんだから。
今はまだこうして浜辺の青空ステージでしかないけど、いつか絶対に本当のライブのステージに──っと、とととと──あれ？
やだ。
雨!?
もう──どうして!?　さっきまであんなに晴れてたのに！
やっぱりこの運の悪さって絶対に悪魔級。
天気予報も粉砕するヨハネの悪魔ぶりを、これから堪能させてあげるからね～!!!

Yoshiko's voice 2
about General Election ～総選挙メッセージ～

私に投票しないとどうなるか、もちろんわかっているわよね？

ハーイ、みんな元気？　ついにやってきたわね、センター投票♪　スクールアイドルになったからには、絶対に避けては通れない、みんなが待ちに待ってた最高のビッグイベントよ！　もちろんみんな、この堕天使のヨハネに投票する準備は──もうすっかりできているのよね？　信頼してるわよ、私のかわいいリトルデーモンたち♡　きっと私がセンターになったら、最高にアンラッキーな悪魔のパワーを日本中に振りまいてあげるわ。投票してくれなかったら、当然──お仕置きよ？

*Aqours
第1回センター総選挙
アピールメッセージ*

**堕天メンバーついに決定♪
もう逃げられないわよ？**

ヨハネを応援してくれたみんな、ありがとう～！
4位なんていかにも悪魔らしい番号で嬉しいわ♪
これでもうキミはヨハネのリトルデーモン♡
どこまでもこのヨハネと一緒に堕ちていく運命よ。

*Aqours
第1回センター総選挙
結果発表メッセージ*

ゲーマーズ沼津店
Aqours看板娘総選挙
アピールメッセージ

うーん、もし小悪魔のヨハネが看板娘になったら──そのショップの運命がどうなってしまうのか──ちょっと私にも想像がつかないわね♡　怖いもの見たさでその結果を知りたいリトルデーモンたちはどうかヨハネに投票してみて？　沼津でちっちゃな地獄の釜の蓋が開くのを目撃できちゃうかも♪

Yoshiko's Message

う、ん──あともう少し？
やっぱり自撮り棒持ってくればよかったかな──。
角度はいいと思うんだけど、これじゃあせっかくの衣装が全部入らないじゃない！
うーん、まあ、いっか。
そしたら、顔バージョンと衣装バージョンの2枚でいっとこうっと♡
その方が少しでもPVも稼げると思うし♪
それにしても、最近はAqoursの練習で忙しかったから、なかなかできなかったけど、今日の悪魔っぷりはなかなかいけてる感じ♡

これなら、今回の地獄通信はいいデキになりそうね！
Aqoursに入ってもヨハネが悪魔なことにに変わりないんだし、立派な地獄の使者としては、リトルデーモンたちをどんどん増やすために──この最高にキュートなヨハネの魅力をどんどん使っていかなくっちゃ♪
よぉし──前髪OK、胸よせクリア、角度も再調整して
ラストにもう1枚──と、とととと!?
何これ、いきなりにわか雨!?
いったいどういう事よ!?
うわーん、どうしよ、やっぱりヨハネって悪魔だわ。
運が悪すぎ──。

Yoshiko's voice 3
about 2nd Single Dress
～2ndシングル衣装をお披露目～

**海から来たかわいい悪魔が
あなたを夢の世界へ
誘うの♡**

どう？　どこからどう見ても最高にかわいい海の悪魔の出来上がり～♪　あ、今、ちらっと目線がイケナイ所に行ったわよ？　ダメ、ごまかしても。ちゃぁ～んとヨハネは見てたんだから！まあ、でもこんなにかわいい小悪魔ちゃんが目の前に降臨しちゃったら、動揺するのも無理ないと思うから許してあげる♡　その代わり、このままずっと目を離さないで、ヨハネを見つめていてくれなきゃダメよ？

Member of Aqours 7

国木田 花丸
Kunikida Hanamaru

地元で代々続くお寺の娘で、マイペースな文学少女。
親友のルビィに誘われて活動を始めた。
歌が得意で聖歌隊に所属している。

CV：高槻かなこ

まさかオラがアイドルになるなんて――
人間の運命って不思議ずら♡

「まさかオラがスクールアイドルになるなんて、思ったこともなかったけど――でも、親友のルビィちゃんのことほっとけないし――これも人間の運命と思ってがんばるずら！ きっとこうして今世で徳を積んでおけば、生まれ変わってもまたルビィちゃんと一緒に楽しく暮らせるかもしれないし――なんて思うのはやっぱりお寺のじーちゃんのお話の聞きすぎかなぁ？ えへへ♡ オラはお寺の娘に生まれたけど、大好きな小説を読んでるといっつも思うんだ。どこにいっても誰といても、しょせん人間は1人なんだなぁって。そんなオラの気持ち、わかってくれる人がいたら嬉しいずら♪」

Profile

学年	高校1年生
誕生日	3月4日
血液型	O型
身長	152cm
趣味	読書
特技	独唱(聖歌隊所属)
好きな食べ物	みかん・あんこ
嫌いな食べ物	牛乳・麺類

花丸のことをいろいろ教えて!

Q.1 スクールアイドル活動の魅力とは?

マルはアイドルなんて全然柄じゃないちびっこだけど——でも、Aqoursにはすっごくかわいくて美人な上級生や、同い年でも本当に愛らしいルビィちゃんやかっこいいヨハネちゃんがいて、そんなメンバーと一緒にいられるのがマルにとっては夢みたいな幸せです♡ みそっこのマルに、みんな優しいずら♡♡

Q.2 浦の星女学院のいいところは?

海の見える静かで明るい図書室がマルが浦女で1番好きな場所です! 人気のないしんとした図書室で、伊豆を舞台にした小説なんて読んでいると——なんだかタイムスリップして物語の主人公になってしまったみたいな——不思議な気分がしてくるずら♡ 本と仲良しになれるステキな学校だと思います♪

Q.3 好きな小説のジャンルを教えてください。

マルが好きなのは日本文学です。とくに1番好きなのはビルドゥングス・ロマン——教養小説っていうか、成長物語が好きなんだぁ♡ ご当地・伊豆出身の井上靖先生の「しろばんば」や芹沢光治良先生の「人間の運命」を初めて読んだときは本当に本当に感激して——ドキドキして夜眠れなくなっちゃったずら♪

Q.4 聖歌隊で歌う曲の中で好きな曲はありますか?

うわぁ〜、これは選べなくてオラ困っちゃうな——えへへ♪ でも好きな聖歌はいっぱいあって「野ばらのにおう」とか「いざよろこべ」とか、わりと明るいのが好きかもしれないです。あ、でもやっぱり1番はクリスマスの「あめのみつかいの」かなぁ? 小さいころから何度も独唱した思い出の歌なんだぁ♡

Q.5 休日はどんなふうに過ごす? スケジュールを教えて!

① 6時　起床
② 6時半　朝課(お供え+お掃除)
③ 7時半　朝食
④ 9時　聖歌隊の練習
⑤ 12時　帰宅・昼食
⑥ 13時　ルビィちゃんと待ち合わせ
⑦ 14時　沼津でデート♡(お買い物)
⑧ 17時　帰るのがもったいなくて
　　　　海辺をお散歩(そしたら千歌ちゃん
　　　　果南ちゃんに会った!)
⑨ 19時　帰宅(しようとしてルビィちゃんを
　　　　家に送ったら、ダイヤちゃんに見つかって
　　　　一緒に叱られた)
⑩ 20時　ルビィちゃんちで夕飯をいただく…
⑪ 21時　入浴
⑫ 22時　結局ルビィちゃんちに
　　　　お泊りすることになって就寝

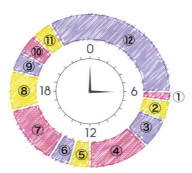

ステキなお姉さんに囲まれて幸せのアイドルライフずら♡

Hanamaru's voice 1
about 1st Single Dress
〜1stシングル衣装をお披露目〜

ひゃ〜、こんなかわいい衣装生まれてはじめて着たずら! 嬉しいずら♡

すごいずら〜! 中身は、まだチビでグズなマルのまんまなのに、こうしてみると——本当の本当に、まるでスクールアイドルみたいだぁ!!! ルビィちゃんが、アイドルにはかわいい衣装が何よりも大事だって、ずっと何度も力説してたけど——本当にこんなに違うなんて——なんだかオラ、あんまりびっくりしちゃったな……。てへへ♡ 何だか胸がドッキンドッキンしてくる♡♡ みんなにはどう見えてるんだろ? やっぱり本当のスクールアイドルみたいかなぁ? でも、そうだとしたらごめんな——まだ始まったばっかりで、歌は声が震えるし、ダンスは完全にへっぴり腰で——でも、こんなかわいい衣装着させてもらえるんだもん、オラもう本当にがんばらなくっちゃ!! うん。がんばるずら♪

Member of Aqours

本の中には人生がいっぱい詰まってる——マルの人生もいつかこんな綺麗な1冊の本になるのかな。

Hanamaru's Message

うーん、やっぱりないなぁ……。
いったいどこにあるんだろ。ルビィちゃんの言ってたアイドルの本って——。
困ったなぁ。
ルビィちゃんに誘われてスクールアイドルっていうのやってみることになったのはいいけど——でも、マルはアイドルのことなんて全然知らないから——。
これからいっぱい勉強しなくちゃいけないずら！
うん。
マルはお寺で育ったお寺の娘だから、テレビもネットもあんまりみなくて——どうもそういう世間の流行りごとには疎いみたいで——昔からよくからかわれてきたんだぁ。
でも、そんな時いっつも助けてくれたのがルビィちゃん。みんなから、マルはそんなこともしらないの～とか、遅れすぎ！とかダサいとか言われるたびに。
「マルちゃんはそんなんじゃないもん！　みんなみたいにテレビのことなんて知らない代わり、みんなの知らない難しいこといーっぱいいっぱい知ってるんだから!!　そのほうがずっとずっとすごいんだから!!!」って——あのカワイイ顔を真っ赤にして怒ってくれてた姿を思い出すと今でも——あ、なんか涙が出る。
それでいて、困ってるはずのマルより真っ先におんおん泣き出して——結局オラが慰めるハメになるんだから——クスクス♡　やっぱりかわええな、ルビィちゃん♪
あんなにかわいいんだもん。絶対にアイドルになれるとオラは思う！　ルビィちゃんは美人でかわいくて、キラキラしてて——ずっとマルの憧れなんだ。
だから、そんなルビィちゃんがスクールアイドルを目指すのに、マルの助けがいるっていうんなら、オラ、なにがなんでもがんばらなくちゃあ！
流行に疎くてかわいくも面白くもないマルにできることなんて、一生懸命に本を読んで研究するくらいのことだもんな。
さて、アイドルの本アイドルの本——と。
あっ。
あああああっ!!!　これって——ずっと探してた芹沢光治良の伝記!!!
ここで出会ったのも人間の運命かもしれないから、アイドル研究の前にちょっとだけ——ちょっぴりだけ、読んでいこうかな。
ごめん、ルビィちゃんあと少しだけ待っててな——。

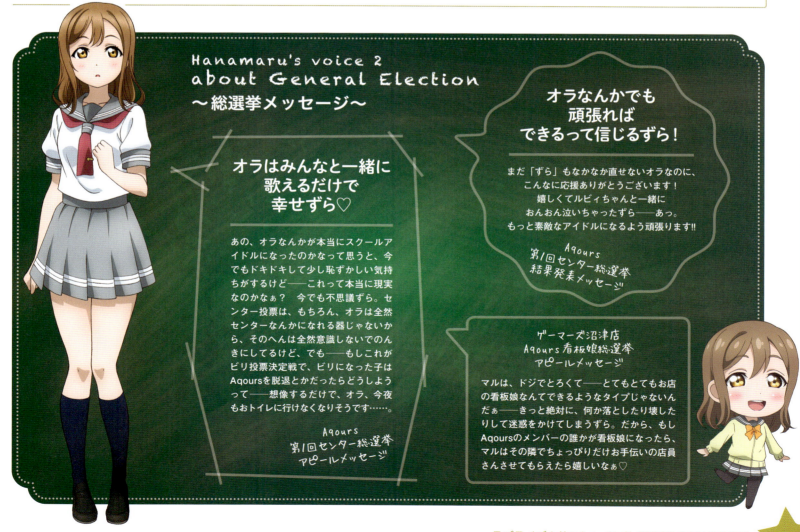

Hanamaru's voice 2 about General Election ～総選挙メッセージ～

オラはみんなと一緒に歌えるだけで幸せずら♡

あの、オラなんかが本当にスクールアイドルになったのかなって思うと、今でもドキドキして少し恥ずかしい気持ちがするけど——これって本当に現実なのかなぁ？　今でも不思議ずら。センター投票は、もちろん、オラは全然センターなんかになれる器じゃないから、そのへんは全然意識しないでのんきにしてるけど、でも——もしこれがビリ投票決定戦で、ビリになった子はAqoursを脱退とかだったらどうしようって——想像するだけで、オラ、今夜もおトイレに行けなくなりそうです……。

Aqours
第1回センター総選挙
アピールメッセージ

オラなんかでも頑張ればできるって信じるずら！

まだ「ずら」もなかなか直せないオラなのに、こんなに応援ありがとうございます！
嬉しくてルビィちゃんと一緒におんおん泣いちゃったずら——あっ。
もっと素敵なアイドルになるよう頑張ります!!

Aqours
第1回センター総選挙
結果発表メッセージ

ゲーマーズ沼津店
Aqours看板娘総選挙
アピールメッセージ

マルは、ドジでとろくて——とてもとてもお店の看板娘なんてできるようなタイプじゃないんだぁ——きっと絶対に、何か落としたり壊したりして迷惑をかけてしまうずら。だから、もしAqoursのメンバーの誰かが看板娘になったら、マルはその隣でちょっぴりだけお手伝いの店員さんさせてもらえたら嬉しいなぁ♡

みなさんもマルたちと一緒に清らかな一夜を過ごしてみませんか——?

Hanamaru's Message

聖なるかな聖なるかな──♪

マルのクリスマスシーズンは、いつもこの御聖堂で、聖なる歌に包まれて始まります♡
エヘヘ──じつはマルってば、お寺の娘なのに、聖歌隊に入ってるんだぁ♪
小さいころから歌うのが好きで、お寺の庭で1人でよく歌ってたせいかなぁ？
ある日、独唱のテスト中に、音楽の先生にスカウトされたのが始まりなんだけど──最初はね、やっぱりお寺の子なのに、聖歌隊はまずいかなとか、1人でいろいろ考えて、やっぱりやめようかなって思ってたんだぁ。
マルは目立つのがそもそもすごく苦手だし──。

でも、そんな時、ルビィちゃんがそのこと知って、すっごく勧めてくれて──。
ウチのお寺のじっちゃんやばっちゃんにも話してオラの背中押してくれたんだぁ♡
オラはそれまで1人で勝手に、聖歌隊なんて、家がお寺なのに、絶対にじっちゃんやばっちゃんに反対されるって思ってたのに、ルビィちゃんが話してみたら、これがやんややんやの大喜びで──。2人とも、ぜひやってみろ、聖歌隊の独唱に選ばれるなんて名誉なこっちゃってとっても喜んでくれて。ほんとルビィちゃんにはいつも感謝ずら♡　だからその時からマルは聖歌隊で頑張っています！　天井の高い御聖堂に響くマルの歌──1度聞いてみてほしいずら♪

Hanamaru's voice 3
about 2nd Single Dress
～2ndシングル衣装をお披露目～

ふわふわ、
海のあぶくになって
オラ消えて
しまいそうずら♡

うわ～、なんていったらいいか──なんだかどこもかしこもフワフワ、ヒラヒラしてて──こんな衣装を着て踊ったら、オラ、このままふわふわ海に溶けて消えてしまいそうな気がするずら～♡こんなにかわいい衣装を着たら、どんくさいオラでも少しはかわいくみえるかもしれない気がするから不思議だなぁ。この衣装に負けないようにオラも頑張るずら！

小原 鞠莉
Ohara Mari

ホテルチェーンを経営するイタリア系アメリカ人を父に持つハーフで、物怖じしない自由人。音楽はインダストリアルメタルが好き。

CV：鈴木愛奈

ええぇ〜っ!? 私がアイドルに？
向いてない気がするけどな〜♪

「ええぇ〜っ!? 私がアイドルに？ それってあのみんなでそろってフリルのユニフォームを着て、キンダーの頃のお遊戯会みたいなダンスを踊る、あのファニーな女の子たちになるってことぉ!?!? ……あ、ごめん。べつに悪く言うつもりじゃなかったよ。とーってもカワイイよね？ 日本のアイドルたち——私もそう思うよ、思うけど、でも、私にはちょっと厳しいって言うか、SO HARD ——うーん、向いてない気がするな。あはははは一♪ 私、好きな音楽はインダストリアルメタルだし。だからごめん。みんながやるなら遠くから応援してるよ♡ じゃあ、これから乗馬のレッスンがあるから家に帰るね？ チャオ〜♪♪」

Profile

学年	高校3年生
誕生日	6月13日
血液型	AB型
身長	163cm
趣味	スポーツ・乗馬
特技	柔軟・歌
好きな食べ物	コーヒー・レモン
嫌いな食べ物	納豆・キムチ

鞠莉のことをいろいろ教えて！ Q&A

Q.1 スクールアイドル活動の魅力とは？
もうすでに廃校の決まってる学校なのに、その学校を盛り上げるために、立ち上がったみんなのエネルギーに感動して――ついAqoursに入っちゃった私だけど。今ではそんなちょっと真面目な動機も忘れるくらい、ただ単純に毎日がハッピー♪ ライブやイベントで、メンバーと電車であちこち遠征するのが楽しくて好きよ♡

Q.2 浦の星女学院のいいところは？
みんな仲良し、なところ？ あとはオレンジの木に囲まれた、学校までずっとずっと続く坂道♡ あとは――お弁当を忘れても、デリバリーを頼んでくれる優しい先生もいいし、午後の授業は日当たり最高で、いつもお昼寝向きの教室もステキ――そうね、全部！ 浦女は全部いいところばっかりよ♪ みんな遊びに来てね！

Q.3 インダストリアルメタルとは、どのような音楽ですか？
あ――それ、聞いちゃう？ 聞いちゃうんだ――聞いちゃうよね、そりゃやっぱり。クスクス♪ うーん、きっとネットで聞いたらすぐわかると思うけど――ちょーっとだけ激しい感じの重低音の効いたヘヴィなロックっていう感じかな？ 火を噴いたり爆発したり楽しいの♡ 気分爽快になるわよ～！ 聞いてみてね♪

Q.4 乗馬のレッスンをしてるとのことですが、仲良しな馬とかいますか？
いるよ～！ もっちろん♪ 小さいころから1番の仲良しはスターブライト号！ サラブレッドの血が入った大柄な馬で、おでこにかっこいい白い星のもようがあるの。背が高いから乗るのが大変でちょっぴり気も荒いんだけど、賢くて、私にだけは優しいツンデレの馬よ♡ ちなみに性別はメス。1番の親友です！

Q.5 休日はどんなふうに過ごす？スケジュールを教えて！

① 8時　起床
② 9時　ヨガ
③ 10時　シャワー
④ 11時　ブランチ
⑤ 12時　お昼寝
⑥ 14時　シャワー
⑦ 15時　乗馬
⑧ 17時　シャワー
⑨ 18時　夕食
⑩ 19時　ネット
⑪ 20時　宿題
⑫ 22時　入浴
⑬ 23時　就寝

海の見える街から私たちの声に気づいて――

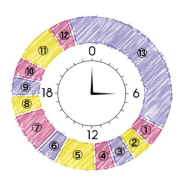

Mari's voice 1
about 1st Single Dress
～1stシングル衣装をお披露目～

**マリーの笑顔でみんなを
ハッピーにしてあげる♪
知ってる？
笑顔には魔法の力があるのよ！**

ハーイ♪ みんな、会えてうれしいわ♡ Aqoursのマリーよ！ これから私たちが、最高のスマイルとラブリーな歌声で、みんなをハッピーにしてあげる♡ あともうちょっとで私たちの歌がみんなに届くから――それまで待っててね？ いつもはありふれた制服姿の女子高生が、かわいい衣装とダンスでみんなに笑顔を届けるのが、スクールアイドル。マリーはこうしてみんなと一緒に活動を始めて――気づいたことが一つあるの。それはね、笑顔には本当に人をハッピーにする力があるってこと。嘘だと思ったら、ね、今無理やりにでもいいから笑顔を作ってみて？ そしたら、その口元に――マリーがチュッてしてあげる♡♡ ね、たちまちハッピーになったでしょ？ ミラクルよ♪

ラブライブ！サンシャイン!! FIRST FAN BOOK　51

Mari's Message

あ——今日もいい風！

晴れてこんなにいい風の吹く日は、この小さな島に住んでるのも——なかなか悪くないって思うわね。
家がホテルチェーンをしてて、世界中どこにでも住めるはずの私が——何の因果でこんな静岡は伊豆半島の小さな小さな島に住んでるのかって、たまに疑問に思うけど。
でもまあ。
どうせ高校を卒業したら、日本は離れて海外の大学に行くし。
それまではこんな日本の田舎生活体験をするのも悪くないって思ってるわ。
ちょっと退屈だけど——空気はいいし、景色はきれい、人は少ないし、シーフードは最高だし♪
私の好きなハードロックみたいに刺激のある毎日なんて——ここを離れてからでも全然ＯＫ。でしょ？
今はのんびり。
ナチュラルライフを楽しんでるの。
だから——。
スクールアイドル、っていうんだっけ？
それになるのは——やめておくわってハッキリ言ったはずなのに。

ぜーんぜん諦めないの、あの——１つ下の学年の高海千歌ちゃん、だっけ？
あはははは——♡　もう笑っちゃう！
何度断ってもやってきて、絶対に私たちの「Aqours」に入って欲しいって。
少しもあきらめる気配がなくて。
でも、こういう真っすぐなのは案外嫌いじゃない。
相手が本気でとびかかって来るなら——こっちも本気で相手するわ。
こうなったらもう——スモウね、ス・モ・ウ！
日本の伝統的な勝負法でしょ？
私と勝負して—私が負けたら参戦してあげる。チャオ〜♡
なんて——ふざけてみたら怒るかな？
でも、この青い空に爽やかな風、逆巻く波しぶきの中で——本気でアイドル？
まるで無謀な戦いだと思うけど、でも——。
そういうのは嫌いじゃない。
敵は大きければ大きいほど燃えるでしょ。

Mari's voice 2
about General Election
〜総選挙メッセージ〜

みんな一緒に Aqoursの歌で 輝いていこっ♪

スクールアイドルになるなら、絶対に目指すはセンター！　ってみんな言うけど——センターってそんなにスゴイの？？　それならこのマリーの出番よ♡　せっかく、生まれて初めて見た、こんなすごいフリフリの衣装で踊るんだもの——こうなったら絶対にセンター、１番を獲らなくちゃ♡　ほら見て、このちっちゃなスカート！　こんなのどう考えたって、ターンするたびにチラチラ見えちゃう〜♪　ね、フフ——狙った獲物は外さないのがマリーのやり方よ。あなたにロックオン！　もう逃げられないから♡

Aqours
第1回センター総選挙
アピールメッセージ

キラッキラ☆の アイドルスマイル 練習中！

ハァーイ、みんな、投票楽しんでくれた？
いっぱい応援ありがとう♡
マリーは考えた挙句、いつもお世話になってる果南ちゃんに投票してみんなにチガウって怒られた〜♡
失敗、次はちゃんとルールみます♪

Aqours
第1回センター総選挙
結果発表メッセージ

ゲーマーズ沼津店
Aqours看板娘総選挙
アピールメッセージ

ハァーイ、看板娘には自信ありのマリーよ♡
度胸とパフォーマンスには自信があるから、この目立つ金髪で、お客さんをいっぱい呼び込んであげる♪　私がやるからには全国売上No.1。このくらいは目指さなくっちゃね！　来てくれたお客様にはマリーからのラヴとハグを送るわ。みんなで盛り上がりましょ♪

Mari's Message

マリーの朝はいつも乗馬かジョギングで始まるの♡
この季節の内浦は、朝の風も爽やかで──毎日絶好のライディング日和。

馬に乗るのって、意外と筋肉使うのよ？
揺れる馬の背中の上で、投げ出されないように姿勢を維持して体をホールドするのは、主に足の力と体幹の筋肉。
マリーは腹筋と太もものパワーには自信アリなの♡
そう、だから──。
もし、キミが──この日本のどこかで暴漢に追われて困っているときがあったとしたら。
まるで白馬の王子さまみたいに、カウボーイハットのマリーが現れて、きっとキミを馬に乗せて連れ去ってあげるんだから♪
クスクス──♡

こんなマリーの運動神経がAqoursのダンスにも活きて、いいところ見せられるといいんだけど──。
どうかな、それはまだまだこれからのお楽しみっていうところかな？
──ウフフ♪

仕方ないから、今はとりあえず──。
このバスルームでいいところを見せておくことにするわ♪
みんな、好きでしょ？
こういうの♡
マリーはいつだって隠すところのないオープンハートでキミの応援を待ってるわ。
離れていても、いつも心は一緒に♡
じゃあ、またあとでね〜、チャオ〜♡♡♡

Mari's voice 3
about 2nd Single Dress
〜2ndシングル衣装をお披露目〜

**キュートなスクールアイドルの
ラブリービームに撃たれて
即落ちね♪**

見てみて〜！ That'sスクールアイドル!! 今度の衣装もめちゃめちゃカワイイの〜♪ 白いニーハイがSoキュートでしょ？ アクアリウムをテーマに9人のビューティフルなマーメイドのでき上がり♡ もう、みんなこんなにカワイかったら、だれか1人を選ぶなんてことできない気持ちよくわかる──だからマリーの方からあなたを選んでバキュン♡ ハートを撃ち抜いちゃった♪

Member of Aqours 9

黒澤ルビィ
Kurosawa Ruby

ダイヤの妹。泣き虫で臆病で男性恐怖症だが、
幼い頃からずっとアイドルに憧れていた。
基本的に不器用だが、唯一、裁縫は得意。

CV：降幡 愛

私、これまでお父さん以外の男の人とお話したことないんです──

「皆さん、ははははは──初めましてっ!!! わ、私、く、黒澤ルビィと申し──あう、ご、ごめんなさい、今度は力みすぎてかんじゃった──あぁ〜、どうしよう、どうしたらいいか、私、もうわからなくて──あ、あの、じつは、私、これまでお父さん以外の男の人とお話したことがないんです。だからずっとずっと男の人が苦手で──でもずっとずっとアイドルが大好きで、アイドルになりたくて──。こんなルビィがアイドルになれるなんて思ってなかったけど、でも絶対にこのチャンスを逃さないって決心しました。だから今日はものすごく緊張してるけど、目をつぶってがんばります！ルビィは今はとっても怖いけど皆さんのことが大好きですー！ こんなルビィを応援してください──!!!」

Profile

学年	高校1年生
誕生日	9月21日
血液型	A型
身長	154cm
趣味	お洋服・お裁縫
特技	衣装選び
好きな食べ物	ポテトフライ・スイートポテト
嫌いな食べ物	わさび

ルビィのことをいろいろ教えて！  Q&A

Q.1 スクールアイドル活動の魅力とは？

あのね、スクールアイドルって、本当にあのアイドルなんだよ♡ 本当に本物の、ホントウのアイドル!!! ルビィは小さいころからずっとアイドルが大好きだったから、もうこんな風に自分がアイドルになれたっていうだけで、今が最高です♪ あとはね――あ、最近は少しだけダンスが上手になったよ♡ みんなに見てほしいなぁ♡♡

Q.2 浦の星女学院のいいところは？

ルビィはね、浦女のこのセーラー服の制服がすっごく気に入ってるんだぁ♡♡ 先に入学したお姉ちゃんが着てるのを見た時から、いいなぁ、かっこいいなぁってずっと思ってて――ルビィにも似合ってるかなぁ？ 似合ってるといいな♡ いつかこの制服姿を見た子がルビィみたいに入学してきてくれたらいいな♪

Q.3 アイドルになりたいと思ったきっかけはなんですか？

ちっちゃいころからテレビの中のアイドルが大好きで――気が付いたらもうすっかり夢中になってました！ だから、とくにきっかけはないのかも。お姉ちゃんがいうにはね、ルビィは0歳でまだしゃべれない頃から、アイドルの人形が好きだったんだって。えへへ――生まれた時からのアイドル好きです！

Q.4 背の低い男の子と背の高い男の子どっちが好きですか?!

そんなの、どっちも緊張するよぉ――っていうのは、あ、ちょっと違くて、え、えええぇっと――もしルビィの目の前に男の子が立ったらって想像すると――きっとどっちもものすごくドキドキしちゃうと思うので、たぶん同じくらいだと思います!! 背が高くても低くても、ルビィに優しい人だと嬉しい、なぁ…。

Q.5 休日はどんなふうに過ごす？スケジュールを教えて！

① 7時半 　起床
② 8時 　　朝食（起きるの遅いってお姉ちゃんに怒られた）
③ 10時 　 お琴の稽古（足がしびれた…）
④ 12時 　 昼食
⑤ 13時 　 マルちゃんと待ち合わせ♪
⑥ 14時 　 沼津でデート♡（お買い物！）
⑦ 17時 　 海辺でお散歩しながらおしゃべり～☆
⑧ 19時 　 帰宅（帰るの遅いってお姉ちゃんに怒られた）
⑨ 20時 　 マルちゃんを無理やり引き留めて一緒にごはん！
⑩ 21時 　 入浴
⑪ 22時 　 遅くなっちゃったマルちゃんがお泊まりすることになって大喜び！
⑫ 22時半　就寝

みんなにルビィのとっておきのアイドルスマイル見てほしいなっ♪

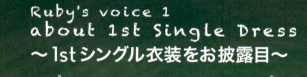

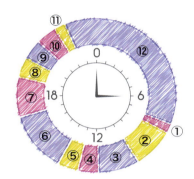

Ruby's voice 1 about 1st Single Dress ～1stシングル衣装をお披露目～

これでルビィもスクールアイドルに見えるかなぁ？ 今ね、嬉しくて胸がキューンってしてる

うわ～、どうしよぉ、どうしよぉ、どうしよぉ……ルビィが本当にスクールアイドルになってる!!! もう、ルビィ、胸がいっぱいで、ドキドキして――ちょっとだけ死にそうです♡ でも、絶対に今死んじゃうわけにはいかないよね！ だってだってだって――本当の本当に憧れてた、ずっとずっと――小さなころから憧れ続けてきた、スクールアイドルになれたところなんだもん♡♡♡ あとは、これから精一杯がんばって、歌もダンスもたくさんたくさん練習して――もし、できたら――本当に、ちょっとでもいいから、本物のステージの上に立って、みんなにルビィのこと見てほしいなって思います。そしてね、ルビィちゃん頑張ってって誰かに一言でも言ってもらえたら――ルビィはもう最高に幸せです!!!

Ruby's Message

ルビィはアイドルが大好きです♡

かわいくって、きれいで、すてきで、輝いてて——もう何もかもがいいなって思います！
だから小さい頃から、ずっとずっと大好きでいっぱいいろんなアイドルのファンをしてきたけど——。
ウチは両親がけっこう厳しくて、家のテレビで見られるのはNHKのニュースだけなの。
この前、夜中にこっそりベッドから抜け出して——音楽番組を見てたらお母さんに見つかっちゃって怒られて——でもチャンネルがたまたま同じNHKだったから、歴史番組と間違えたのって慌ててごまかして——何とかセーフだったよぉ〜、ふぅ——。
少し泣いちゃった。
こんな風にね、本当にただアイドルファンをするだけでも大変なルビィ。
だからね、こんなルビィが——まさか本物のスクールアイドルになれるチャンスが巡って来るなんて、まさか夢にも思ってなくて——。
うわーん、もう本当に本当に夢みたい！
何度も何度もほっぺたつねってみたけど——い、いたたたっ！
ほらね、本当に夢じゃないの——もう嬉しい！
嬉しくて嬉しくて跳ねちゃうよぉ〜！
っと、とととと——やばい、今海に落ちるとこだったけど——ぎりぎりセーフ！
ふぅ。
ルビィね、こんな風によく跳ねたり跳んだりヘマしちゃって、いつもお姉ちゃんに「ルビィはいつも落ち着きがない」って叱られるんだぁ。
そんなの自分でもわかってるけど、いつも頭がよくて美人でテキパキしてて——何でもできるお姉ちゃんには絶対に敵わないのもわかってるもの。
でも、そんなルビィでも、もし本当にアイドルになれたら、もしかしたらだれか1人くらいは、かわいいよって言ってくれるんじゃないかなって——そんな風に思ってるんだぁ。
だからルビィはもう、スクールアイドルとしてちゃんと1人前になるまでは絶対に、海に落ちて溺れるわけにはいかない——の!!
そのためには最大の弱点の男性恐怖症も絶対にがんばって克服してみせる——って、あああ、どうしよう、そのこと考えただけで、なんだか心臓がドキドキしてきたよぉ〜！ やっぱり海に落ちそう……。

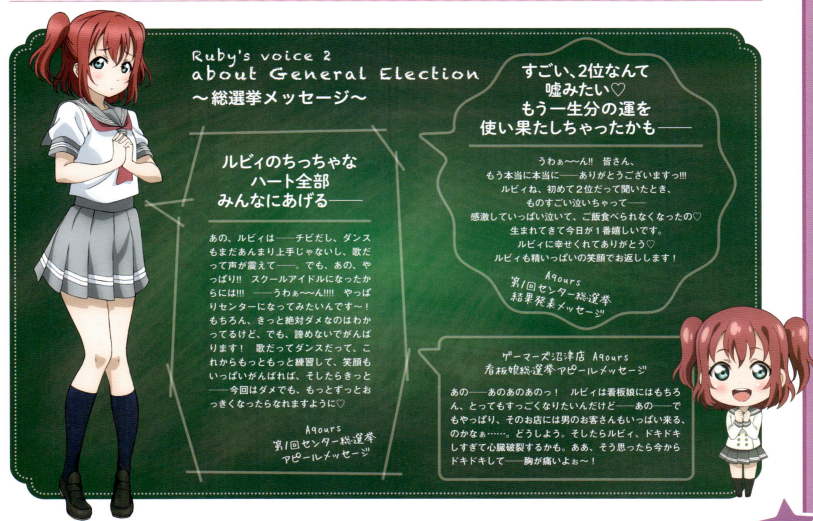

Ruby's voice 2 about General Election 〜総選挙メッセージ〜

ルビィのちっちゃなハート全部みんなにあげる——

あの、ルビィは——チビだし、ダンスもまだあんまり上手じゃないし、歌だって声が震えて——。でも、あの、やっぱり!! スクールアイドルになったからには!!! ——うわぁ〜〜ん!!!! やっぱりセンターになってみたいんです〜！ もちろん、きっと絶対ダメなのはわかってるけど、でも、諦めないでがんばります！ 歌だってダンスだって、これからもっともっと練習して、笑顔もいっぱいがんばれば、そしたらきっと——今回はダメでも、もっとずっとおっきくなったらなれますように♡

Aqours
第1回センター総選挙
アピールメッセージ

すごい、2位なんて嘘みたい♡もう一生分の運を使い果たしちゃったかも——

うわぁ〜〜ん!! 皆さん、もう本当に本当に——ありがとうございますっ!!!
ルビィね、初めて2位だって聞いたとき、ものすごい泣いちゃって——
感激していっぱい泣いて、ご飯食べられなくなったの♡
生まれてきて今日が1番嬉しいです。
ルビィに幸せくれてありがとう♡
ルビィも精いっぱいの笑顔でお返しします！

Aqours
第1回センター総選挙
結果発表メッセージ

ゲーマーズ沼津店 Aqours
看板娘総選挙アピールメッセージ

あの——あのあのあのっ！ ルビィは看板娘にはもちろん、とってもすっごくなりたいんだけど——あの——でもやっぱり、そのお店には男のお客さんもいっぱい来る、のかなぁ……。どうしよう。そしたらルビィ、ドキドキしすぎて心臓破裂するかも。ああ、そう思ったら今からドキドキして——胸が痛いよぉ〜！

Ruby's Message

うわああああああ〜〜ん!!!
ご、ごめんなさいごめんなさいごめんなさい──。
ど、どうしよう──すごく吠えてる──。ルビィが何か悪いことしちゃったのかな。ごめんなさい──神様、もう絶対2度と悪いことしないので、お姉ちゃんのいうこともよく聞いて、ずっといい子になるから、だからルビィのこと助けてください──。

ね、ねねね、ワンちゃんさん、あの──私、ルビィね、どうしても、ここ通って学校に行かなきゃいけなくて、あ、あの、今日は本当にAqoursの練習が──ひゃ、ひゃああああっ!!
また吠えた──。
しっぽをあんなにピコピコ振ってる──。
きっとすごく怒ってるんだ。どうしよぅ。これってきっと、昨日ダイヤお姉ちゃんのアイス、こっそり食べた天罰かな、やっぱり──。うわーん、もう、足がすくんで動けないよぅ──お姉ちゃん、早く助けて〜!!

Ruby's voice 3
about 2nd Single Dress
〜2ndシングル衣装をお披露目〜

ルビィはあなたの ちっちゃなピンクの 熱帯魚なの♡

ルビィは背もハートもちっちゃくて、臆病で怖がりで、ちっともみんなみたいにしっかりしてないけど──でもね、ピコピコ、ちっちゃなヒレを震わせて泳ぐちっちゃなピンクの熱帯魚になって、毎日、あなたの帰りをちっちゃな水槽の中で待ってるの♡ それくらいならルビィにだってできるもん♪ 頼りないちっちゃなハートかもしれないけど、精一杯の心を込めて歌うから、ルビィの歌聞いてくれたらうれしいんだぁ!

Aqours 活動報告

スクールアイドル・Aqoursとして駆け出した
メンバー9人の活動と日常を、
イラスト&ストーリーで報告するコーナー。
デビュー衣装のお披露目やクリスマスの準備、
初雪やお正月、プール掃除などなど――。
電撃G'sマガジン誌上で掲載された彼女たちの
春夏秋冬のスクールアイドルライフを
たっぷりとお届けします♪

MESSAGE FROM CHIKA

うわー、うわうわうわ〜!!!
もう、何これ、どうしよ、かわいすぎじゃない!?
いいのかなぁ、千歌たちがこんな衣装着ちゃっても!?
えへへ♪ なんだかこうして衣装を着ると、まるで本当に千歌たちも〝スクールアイドル〟になれたみたい♡
もう興奮しちゃうよ〜!! 早くみんなに見せたい!!
けど――梨子ちゃんはやっぱり最初のデビューの時のイメージは大切だから、いよいよ本当に最初のステージに立つ日まではなるべくみんなには見せない方がいいって言うんだよね。うーん――いつも落ち着いてて賢い梨子ちゃんの言うことだし、やっぱりそれがいいんだろうなとは千歌も思うんだけど――でも!
でもでもやっぱりみんなに早く見せたい〜!!!
というわけで、今日はこっそり記念撮影だけしちゃうのだ♪ 知られざるAqoursデビュー前の貴重なワンショット〜! みんな絶対宝物にしてね♡ ――なぁんて言っても、今はまだ私たちに注目してるのは当の私たちだけっていうのはわかってるんだけど――えへへ♡
でもね、ここから私たち、あの憧れのスクールアイドルへの第一歩を踏み出すんだと思うと、やっぱり最高に胸がドキドキしてきます。いつか、このお山のみかん畑のみかんの数と同じくらい、たくさんのお客さんを集めてみせるぞ!
みんな、千歌たちのこと見ていてください〜!!

もうーいくつになってもドジなんだから！
情けない子ね。もういいからこっち食べなさい！

OUR PRIVATE LIFE
2人の秘密教えてあげる♡
――ダイヤ――

ああ、またアイス落としたりして――ほら、もう泣かないの！　本当にルビィは小さいころからドジで――もう少し気を付ければいいのにって、お姉ちゃん何度思ったかしれないわ。
今日のアイスだって、落としやすいってわかってるんだから、もっとなにか別な――カップ入りのアイスとかチューブ型のアイスとか、ほかのを選べばよかったのに――。棒つきなんて選ぶから！
バカね。
そんなだから、結局こんな風にスクールアイドル活動にまで、結局お姉ちゃんが付き合うことになって――もう、少しは感謝してるの？　お姉ちゃんは、ルビィとは違ってこういうの――本当は苦手なんだから。そもそも髪型だって思いっきり黒髪の直毛だし。だから、Aqoursの衣装を初めて見たときは、もう本当にどうしようかと思ったわ。わが目を疑うってこのことねって実感しちゃった。
あの時、みんなには言わなかったけど。
ほとんど理解不能っていうか、私がこれを着るの？本当に？　っていう感じで。
恥ずかしいを通り越して――何かこの世で信じがたいものを見たっていう気になったわ。
まあ――そういう意味では、見たこともないような不思議な新しい景色を見せてくれたルビィに感謝っていうところかしら？　フフ♡
あ、ほら、駄目よ、そこ笑うところじゃないから。勘違いしないで。今のは嫌味よ、イ・ヤ・ミ！
まったくもう――ルビィって、本当に……。
まあいいわ。
とにかくこっち、あげるから食べなさい。今度は落とさないように気を付けて食べるのよ？　早く食べて練習行くんでしょ、ほら早く、急いで急いで――。

ROAD TO IDOL
みんなで作る☆アイドルソング

hi！ マリーよ♪ 今日は──ウチのプールサイドでちょっとだけ陽射しを楽しんでるわ♡
みんなは今年の夏は、海やプールにいった？ 最近の女の子はみんな美白対策ばっちりで、あんまり日焼けしないのが主流みたいだけど──マリーは夏は太陽をばっちり楽しみたい主義！ 少しくらい日焼けして水着の跡が付いたって──それもまた夏らしくていいと思わない？ フフ♡ 思わずめくってみたくなるステキなヒップをただいま製作中だからみんな期待してて！ あ、それと、私たちもこんな夏の太陽みたいにキラキラしたアイドルソングを作りたいって思って──今日の私は、プールサイドでAqoursのミュージックアイデアを作成中。こっちもなかなかいい感じだから期待しててね、チャオ～♪

内浦の地に降り立った
奇跡のセクシー悪魔ガール♪
私についてきたら愛の地獄行きよ♡

Oh! My Favorite!!
Aqours流行通信

from 津島善子

ハーイ♪　みんな元気？　ヨハネも珍しく元気よ♡
やっぱりこの真夏の暑さが――燃え盛る永遠の灼熱地獄、ゲヘナの焔を思わせるからかしら♪
ただ、こう暑いと――やっぱりどうしたってヨハネの悪魔のコスチュームも、露出がだいぶ増えることになっちゃって――全国の私のファン、リトルデーモンたちにはもしかしたら目の毒かもしれないから、そこがちょっとだけ申し訳ない感じかしら♡　フフ♪
でもね、いいのよ、大丈夫。みんな、この際、思う存分ドキドキムラムラして？　だってヨハネは本物の悪魔だもの、悪魔はいつだって邪な心には寛大なんだから♡
セクシーなヨハネと一緒に地獄の底まで堕天しましょ☆

ハプニングがいっぱい!?
浦の星 Splash!!

『渡辺 曜』の場合

つ、つつつ——釣れたぁ〜！ 良かった、これでなんとかみんなのところに帰れるよ——ふぅ。まったくもう、今日みんなで集まったときに、いきなり私だけ釣り道具を渡された時には、いったいなんでスクールアイドル活動するのに、釣りが!? ってすっごい驚いたけど——千歌ちゃん曰く、ここ内浦の私たちの日常を伝えるためのエピソード作りって……。なんかそれって激しく違う気がするんだけど——ま、いっか。アジ、釣れたし♡ よぉし、こうなったら久しぶりにバンバン釣って、読者の人にプレゼントを——って、ああ、やっぱり何かものすごい違う気がするんだけど。いいのかな、魚釣りアイドル。私、だまされてるかな……。

Watanabe you

高海千歌 より

みんなの日記
Aqours DIARY

というわけで、今月のAqoursの活動はこんな感じでした♡
初めて作った曲の、初めての衣装が決まったっていうのが、なんといっても1番のビッグニュース！ やっぱり、衣装ができるとみんな気分もすっごく盛り上がるみたいで、急にスクールアイドルらしくなったっていうか——ほんの少しだけ、本物のスクールアイドルに近づけた気がします♡ っていっても、歌もダンスもまだまだで——今日も夏休み中は毎日必ず集まって練習してるんだけど、それぞれに最後まで踊るだけで精いっぱいな感じで——。スクールアイドルってやっぱり簡単じゃないですね。でもまだまだAqoursは始まったばっかり！ めげる暇も余裕もなく毎日頑張っているので、ぜひこれからも私たちのことを応援してください！ いつか絶対とびっきりのパフォーマンスと笑顔で皆さんに会えるように——絶対頑張ります!!

TAKAMI CHIKA

MESSAGE FROM RUBY

う、うわ、あ、ああああ——。
ル、ルビィ、また、コケちゃうよぉ——。
と、思ったら、ギリギリセーフ……。
ドキドキ♡
よかった、せっかくこんなにかわいい衣装着せてもらったのに、いきなりびしょびしょになっちゃったら、また泣いちゃうところだったよ——よかったぁ！
今日はね、ついについにできたルビィたち、Aqoursの曲をPRするために、衣装姿で写真を撮りに来たんだぁ♡
初めての曲に初めての衣装！
それは、アイドルが大好きなルビィがずっと想像してたよりも、すっごくキュートでかわいくて——できたときは嬉しくて泣きそうになっちゃった!!
っていうか、ホントはすごい泣いちゃって、出来立ての衣装が汚れるって、お姉ちゃんに怒られたんだけど——。
だからね、今日はその撮影で——このかわいい最高な衣装に負けないように、ルビィも今日だけはドジとかしないで、なんとかせいいっぱいかっこよく、がんばって——本当のアイドルみたいにキラキラ輝いて、みんなの前で最高の笑顔を見せます！って。そう思ってきたんだけど——。
このままじゃあ、またいつものダメダメなルビィになっちゃうよぉ——うわーん、ルビィ、これからもっともっとがんばりまーす——!!!

私たちがこうしてアイドルしてるなんて
なんだか不思議な気分ね──

OUR PRIVATE LIFE
2人の秘密教えてあげる♡
――― 果南

鞠莉が島に引っ越してきたときは──けっこう、びっくりしたの覚えてる。
ただでさえ、田舎の内浦で金髪の子がいるのは珍しいのに、それがまさか島に住むなんて。
島にあるリゾートホテルの子だって聞いて、少しは納得したけど──でも、そんなお金持ちの家だったら、こんな船に乗らないとどこにも出かけられないような島に住むのは意外だったから。
みんなは鞠莉がお金持ちで美人でってあれこれ噂してたけど──私はそんなに気にしてなくて。
ただ、鞠莉がたまに島で馬に乗ってる姿を見かけたとき──なんだかちょっといいなって思ってた。
ちょっと──かっこいいなって♡
私はダイビング、鞠莉は乗馬が趣味で、本当は──アイドルなんて全然縁がないはずなのに、今こうして2人でいるのは本当に不思議な気がするね。なんでこうなったのか今でもよくわからないけど、でも──私たち3年生だし。これからもみんなの面倒見ながらがんばりますか！

みんなの日記
Aqours DIARY

全速前進!! 右舷、面舵いっぱい！ ヨーソロー♡
エヘヘ、小さいころから夢に見てたのは――大きな船の船長さん。
どう、似合ってる？
曜ってば、夢をかなえて、ついについに高速船の船長になっちゃったよ～!!
っていうのは、もちろん、冗談！ エヘヘ♡
今日は港のイベントデーで、制服を着れる体験ブースがあるって言うから遊びに来ちゃったんだぁ！ どう、どう？いい感じ？
うん♪ ホントはね、Aqoursの衣装もこういう路線だったらいいと思うんだけど――やっぱりみんな反対するかな？
大きな制帽でオトコマエ度2割くらいアーップ♪ キレッキレに踊れそうだよ！

渡辺 曜 より

私たちの輝く未来に向かって――敬礼♪

やったー！　これで浦の星女学院は私たちのもの♡
みんな遊びにおいで〜♪

なんちゃって——フフフ♡
今日はプロモーションビデオの撮影で——こっそり校長室へ来ちゃったの♪
これで浦の星の中枢部をGET！
私たちAqoursが学院を支配完了ね。
こんなにかわいい学院の支配者がいたら、みんな入学したくなっちゃうこと間違いなし——フフフ☆
なんて、ソファに座りながら。
うーんやっぱり、ソファはいいよね、学校の椅子は硬くてカッチカチで、私、いつもすごい苦手なの。
よし、今度から授業を抜け出して、お昼寝するときはここに来ようっと！
って大きな声で宣言したら——ダイヤに突っ込まれた。
やだ、何言ってるのよ？　ここはそもそも校長室よ？
授業中は校長先生がいるに決まってるじゃない——って。
だーかーらー！
今日はとりあえず、そういう設定じゃないのに〜!!
だって今日のマリーは、学院の支配者！
うん、とりあえず、私が校長先生役で、果南が副校長、そしたら——ダイヤは教務主任ね♡
あ、嫌ならいいよ〜、そうだな、じゃあダイヤを副校長に格上げしてあげるから、果南が校長で——私は理事長ね♪　フフッ、世界を旅するジェットセッターの謎のスーパー理事長!!　たまにフラリとやってきては、かわいい女の子をさらってアイドルに仕上げるの♡
かっこいい〜♪　ドラマに出てきそう！
よぉし、じゃあそろそろみんなでポーズ決めて、紹介シーン撮るよ？　準備はいい？　せーのっ♪
「ハーイ、みんな、浦の星女学院のAqoursです！
浦の星に来たら、こーんなかわいい先輩たちがあなたのことを待ってるよ♡　ぜひ１度遊びにきてね!!」

MESSAGE FROM MARI

みんなの日記
Aqours DIARY

東京の秋葉原に住んでいたころは──海っていったら、夏の海しか知りませんでした。じりじりと照り付ける太陽にキラキラ眩しい輝く海。浮き輪やビーチボール。飛び交う歓声にかき氷。明るい晴れの日の、遊びに行くためだけの海。でも内浦に来てこの町に住んでみたら、春も夏も秋も──いつも生活のすぐそばに静かな海があって。なんだか不思議な気持ちがします。海水浴のためだけにあるんじゃない海は──いつも私に違った顔を見せてくれて。絵が好きな私は、よく──海の景色を見に来るの。スケッチブックを持ってくる時もあるけど、ただこうして──海辺を散歩するだけでもとても優しい気持ちになれます。内浦に来てすごく海が好きになった、私──。そしてね、この海で育ったメンバーのみんなのことが大好きです♡

桜内梨子より

優しい秋の海の姿が私の心を癒してくれます──♡

秋のちっちゃな花丸の秘密——
いっしょにわけっこするずら♡

Oh! My Favorite!!
Aqours流行通信

from 国木田花丸

あっ、見つかっちゃった——えへへ♡
そうなんだぁ。最近うちのお寺の境内の落ち葉が、どんどん増えて山盛りになってきて——。
秋がきたずら♪
落ち葉が増えると、いっつもこうして焼き芋さんしてご近所さんに配るんだぁ♡ 小さいころからマルの役目だったから、焼き芋焼きだけは少し得意です。なんて——こんな偉そうなこと、マルが言ったらいけないかなぁ——エへへ♪
後でルビィちゃんちにも持ってくんだよ。
あ、あなたもひとつ、いかがですか？ 最高に甘くておいしいずら♡

KUNIKIDA HANAMARU

「初めて」は、いつだって、女の子にとって特別なものだから。私たちの初めて、受け取ってね♡

この歌を聞いたら、まぶしい太陽のきらめく内浦の海が目に浮かぶよ 一緒に踊って楽しんで♪

キミも一緒にハッピーになろっ 人生はいつも太陽のように輝いているのよ！チャオ〜♪

君のこころは輝いてるかい？
【TRACK LIST】
■01.君のこころは輝いてるかい？／02.Step! ZERO to ONE／03.Aqours☆HEROES／04.君のこころは輝いてるかい？(Off Vocal)
■はじめましてのご挨拶：05.高海千歌／06.桜内梨子／07.松浦果南／08.黒澤ダイヤ／09.渡辺曜／10.津島善子／11.国木田花丸／12.小原鞠莉／13.黒澤ルビィ
【CD DATA】
■2015年10月7日発売　■価格：＜BD付＞3000円[税別]／＜DVD付＞2000円[税別]

夜空に輝く大きな星のように——
最高に輝くスクールアイドルになるのだ！！

MESSAGE FROM CHIKA

うわ～、おっきな星！
こうしてツリーの飾りつけをしてると、いよいよクリスマスが来たっていう感じがするね～♪
浦の星女学院はカトリックの学校だから、クリスマスが近づいてくると、校内では聖歌が流されたり、ツリーやリースや御聖堂なんかのいろんな飾りつけが始まって――結構気分が盛り上がるんだ♡
聖歌隊のマルちゃんなんかは、Aqoursの練習の合間に、クリスマスミサの練習も行かなくちゃいけないし、生徒会長のダイヤちゃんも学校行事の準備で忙しそう！
千歌はいつも、クリスマスの前の日に、お祝いで学校から配られる特製のガレットとジュースが楽しみなくらい――特になんのお役目もないんだけど。
やっぱり――なんかこの季節はワクワクしちゃう♡

そういえば、千歌はさ、小さいころはずっと、家族から、サンタクロースは海の向こうから船に乗ってやって来るんだよって教えられてたんだよ～。
だから、クリスマスの夜のメニューが、クリスマスチキンになぜかプラスお刺身でも全然気にしてなかったんだけど――(サンタさんの好物なんだと思ってた) 今思うと、やっぱり変だよね。クスクス――♡
海辺の街のクリスマスは、寒いけどあったかい、ちょっぴり不思議なクリスマス。そこではサンタクロースはそりじゃなくてオールを担いで船に乗ってるの♪
最近は毎日Aqoursの練習がんばってたから、こんな風にみんなでツリーの飾りつけをしてのんびり過ごすのは久しぶり。
みんなが楽しいクリスマスを過ごして――また明日から、ラブライブ！の優勝目指して一生懸命がんばるぞ！ おー!!

Unit Voice 1
Guilty Kiss
梨子×善子×鞠莉

ユニット組み合わせ決定
記念メッセージ

Check!
投票によりAqoursから3組のユニットが誕生。Guilty Kissはアーティスティックな個性派の3人組！

from 梨子
個性の強い2人と一緒に
わたしもがんばります！

初めてのユニットメンバーはヨハネちゃんと鞠莉ちゃん——って最初に聞いたときはちょっぴりドキドキしました♡ だってほら、なんていうか2人とも梨子とは全然違ってすごく華やかで個性的だから……。でもね、すっごく楽しい2人とは一緒にいるだけで面白いの。これからがんばれそうです♡

from 善子
女の子らしさ全開で
攻めていくぞっ♪

私たちのユニットは、9人の中でも悪魔的にかわいくて女の子らしいメンバーがそろったと思うの♡ うん、マリーと梨子ちゃんの2人をこれからばっちり堕天の道に引き込んで、ユニットをダークな小悪魔カラーに染め上げちゃう〜♪ キミを惑わす3人のキュートな悪魔に期待しなきゃダメよ？

from 鞠莉
みんなの視線を
私たちに釘付けちゃう♡

メンバーが3人になるユニット活動は——担当パートがいつもの3倍♪ よーし、こうなったら3倍どころか4倍も5倍も10倍も！ 輝く私たちのパフォーマンスでみんなの目を釘付けにしちゃう〜♡ 知ってた？ 私ってば、期待されればされるほど燃えるタイプなの♡ お楽しみにね♪

デビューシングル発売記念メッセージ

マリちゃんとヨハネちゃんの勢いにのせられて——いつもと違う自分がいます。ちょっぴり恥ずかしいけどぜひ見てみてください♡

ブラックでダークな小悪魔の魅力満開のGuilty Kissはどう考えてもヨハネがメイン♪ 応援しないと地獄に落ちるわよ〜♡♡

普段のAqoursとはちがう、ちょっぴりクールでかっこいいマリーを楽しんで♪ アナタを目いっぱい誘惑してあげる！

Strawberry Trapper
【TRACK LIST】
収録曲：01.Strawberry Trapper／02.Guilty Night, Guilty Kiss!／03.Strawberry Trapper (Off Vocal)／04.Guilty Night, Guilty Kiss! (Off Vocal) ドラマパート：05.遊覧船でどこまでも♡
【CD DATA】2016年6月8日発売 価格：1200円（税別）

今年初めての真っ白な雪に
私の背中にも──天使の白い羽が生えてきそう！

MESSAGE FROM YOSHIKO

見て！
ほら──雪よ、雪！！
今年初めての雪──すごい～♪
キレイでロマンティックで興奮しちゃう～!!
今年は暖かい冬だってみんな言ってるけど、やっぱりこのヨハ
ネがいるところにはこうやって雪も降るのね☆
久しぶりに小悪魔パワーの面目躍如かしら？
運動会の日は必ず雨。
遠足になれば台風。
急いでる時は決まって渋滞だし、修学旅行の直前に限って、ひ
どい風邪をひいたりして──。
そう。
いつだって、絶対に降りそうもないって思ってるときに限って
突然降ってくるんだから──。
私の災難。

でも、今日は──こんなにきれいな初雪なら、それもちょっ
ぴり許せちゃうかな？
こんなに白くて儚い──ひらひら。
降り始めたばっかりのまだ手つかずの雪。
見渡す限り誰もいないこの場所で、きっと私たちが1番初めに
見た雪の観客かもしれないと思うと──なんだか胸がドキドキ
してきちゃう。こんな冷たい澄んだ空気に、どこまでも清らか
な小さな雪を見てると。
小悪魔だったはずの私の心が──ちょっぴりきれいに浄化さ
れて雪の天使になってしまいそうな気がしてくるわ。
あ、ダメよね──いけないわ、そんなことじゃあ！！
私は小悪魔ガールの堕天使ヨハネ☆
私の魅力にひかれたリトルデーモンたちを、ゲヘナの焔で真っ
白な灰になるまで焼き尽くしちゃうんだから♡

Unit Voice 2
CYaRon!
千歌×曜×ルビィ

> **Check!**
> ほんわか元気なひだまり3人組のCYaRon!。ユニット名には3人の名前の頭文字が1文字ずつとられている。

ユニット組み合わせ決定
記念メッセージ

from 千歌
みんな〜！元気いっぱいのチカたちを応援してね〜!!

みんな〜、たっくさんの投票をありがとう〜!! 私たち3人は、2年と1年の混成トリオになったよ♪ 平均年齢が1番若い3人組としては、ほかの2チームに負けない──とにかく元気いっぱいのピカピカ笑顔でがんばるぞ！ これからユニットでの活動にも期待してください♡

from 曜
3人そろって新しい船出にヨーソロー♪

やっと最初のシングルPVができた〜♪ と思ったら、次はユニット活動！ すごい展開に目がまんまるくなってる曜です！ エヘへ．でも、1度船出したら、船長はどんな波も乗り越えて目的地へとみんなを導くのがその使命──これからもめいっぱい頑張るので応援してね〜♡♡

from ルビィ
2人においてかれないよう一生懸命がんばります！

いつも一緒のマルちゃんと離れて、初めてのユニット活動──ちょっぴり不安もあるけれど、アイドルならユニットに選んでもらえることはとってもとっても光栄なことだもん！ ルビィは自信ないけど、絶対にがんばることを誓います!! 2人は優しいからちょっと安心なんだぁ♡

デビューシングル発売記念メッセージ

弾ける元気でみんなに笑顔をいーっぱい届けられるように、3人でがんばってます！ キミも一緒に踊ったらチカの元気が移っちゃうよ〜♪

体力だけには自信がある曜たちらしく──元気いっぱいのユニットになったCYaRon!をみんな応援してください！ ヨーソロー☆

千歌ちゃん曜ちゃんと一緒にいるだけで、なんだかルビィまで元気になるの♡ このCYaRon!の魔法をみんなにもかけちゃいたいなぁ♪

元気全開 DAY! DAY! DAY!

【TRACK LIST】■収録曲：01.元気全開DAY! DAY! DAY!／02.夜空はなんでも知ってるの？／03.元気全開DAY! DAY! DAY!(Off Vocal)／04.夜空はなんでも知ってるの？(Off Vocal) ■ドラマパート：05.松月（パインムーン）をさがして♡
【CD DATA】■2016年5月11日発売 ■価格：1200円（税別）

MESSAGE FROM DIA

新しい年がやってきて──空気もすがすがしい、松の内。
こんな風に、みんなで着物を着て過ごすのは、なんだかやっぱりいいものね♡

「お正月に着物が着てみたい」って、最初に言い出したのは同い年の鞠莉で──。日ごろから、お琴の稽古や実家の催し事なんかで、和装をする機会も多いわたくしは、それを聞いたとき、特に興味もなく、かえって少し面倒に思ったのだけれど。
その年ごろには海外にいたらしくて、七五三の経験もないと、いつものようにわざとらしく大げさに嘆く鞠莉の顔を見ていたら、なんだか──ふいに着せてあげたくなったの。
なぜかしら？
なんだかわたくしも──見てみたいような気がして。
鞠莉の和服姿。きっとかわいい──そう思ったの。
だから、わたくしの持っているものでよければ、好きなものを貸してあげる。家には、もうとっくにお稽古事から逃げ出したルビィの分も合わせて、古い着物がたくさんあるから──。
そう言ったときの鞠莉のすごく輝いた顔には驚いたけれど。
それと同時に、Aqoursのメンバーのみんなまで、急にはしゃぎ始めたのにはもっと驚いたわね。
そんなにあるなら、自分たちも着たい、みんなで新年会だってもりあがって──みんな、意外と好きなのね、着物。
だから今日は、いつものAqoursよりちょっぴりおしとやかに──和の雰囲気で祝う新年。
みんなの着付けをして回ったりして、なんだか一気に大人数の姉妹になった気分よ♡
このあとは、みんなで歌留多をしましょうか？ それとも羽根突き？
思い切り遊ぶのもよいけれど、すそを乱すから──男子は禁制。
そんな姿は誰にも見せてはいけなくてよ？
普段ミニスカートで踊ってても、それとこれとは話は別。
今日1日くらいは大和撫子のAqoursで参りましょう──。

BACK STAGE PIN UP
スクールアイドルの舞台裏♡

ほら、まだまだあと30周は行くよっ♡私たちの夢に向かってファイッ、オー!!!

MESSAGE FROM KANAN

こら～、ダイヤってば、そんな疲れたふりしてもダメダメ♡
私は騙されないよ～♪
だいたい、まだ「疲れた」の「つ」にも足りないくらいしか走って
ないじゃない！
いくら私が単純でも、たったの3周でそんなヘロヘロの振りして見
せたらさすがにバレるって！
まだスクールアイドルになりたての私たちは、未熟なところだらけ
なんだから、せめて100万回の練習にも耐える体力だけはばっちり
つけておかないとね!!
大丈夫、いつも根性のあるダイヤだもん♡

1度やるって決めたことは、絶対に最後までとことんやって、どん
なことでも成功させて見せる、その根性と気合には、あんなにすご
いお嬢様なのにって――― 昔から一目置いてたんだよ？
ダイヤならできるって信じてる!!
ほら、だから行くよ？
大きな声で掛け声掛けて、腹筋も同時に鍛えていくよ！
セーーファイッ、オーファイッ、オー、ファイッ……
これから、みんながつらいときには私たち3年生がリードできるよ
うに――― ピカピカの笑顔で30周走り抜けるよっ♡

Unit Voice 3

AZALEA
果南 × ダイヤ × 花丸

> Check!
> 姉タイプと妹タイプの姉妹系ユニット・AZALEA。ユニット名は静岡県の花・ツツジの英名に投票で決定！

ユニット組み合わせ決定記念メッセージ

from 果南
ロングヘア3人組でがんばっていくよっ♪

3年生の私とダイヤちゃんに、1年生のマルちゃんの組み合わせは──意外なロングヘア3人の組み合わせだよね♪ どんな歌を歌っていくことになるのかはまだまだこれからだけど、何だか胸がワクワクしてくるのは──キミも一緒だといいな♡ これからみんなでがんばるよっ！

from ダイヤ
大人の魅力をあなたにお見せするわ♡

私たち3人は──どうやら落ち着いた雰囲気のおしとやかなメンバーが集まったみたいね♡ いつもの、華やかだけど、ちょっとだけ騒々しい9人バージョンのAqoursとはまた違った大人の魅力をお見せすることを約束するわ。賢くてかっこいいユニットを期待していてね？

from 花丸
頼もしい2人にオラはただついていくずら！

スタイルのいいダイヤちゃんと果南ちゃんに囲まれて──オラちょっぴり恥ずかしいずら……。でもこうなったからにはただまっすぐ2人についていくしかないよね。ヨハネちゃんも言ってた。アイドルになったからには諦めと度胸が大事って。諦めるのはマルの得意！ 精一杯がんばるずら♡

デビューシングル発売記念メッセージ

いつもは海で魚と遊んでる私が──こんな風に女の子らしくなっちゃうなんて、自分でも意外！ でも想像より似合ってる──かな？

AZALEAは美貌と才能を併せ持つ、まさに正統派才色兼備のユニットよ。わたくしたちの魅力を思い知りなさい♡

優しくてきれいな2人のお姉さまに囲まれて──なんだか幸せな気分のマルです♡ この気持ちがみんなに伝わるとうれしいずら♪

トリコリコ PLEASE!!

【TRACK LIST】 収録曲：01.トリコリコPLEASE!!／02.ときめき分類学／03.トリコリコPLEASE!!(Off Vocal)／04.ときめき分類学(Off Vocal)／ドラマパート：05.淡島ホテルへようこそ♡ 【CD DATA】 2016年5月25日発売 価格：1200円(税別)

ラブライブ！サンシャイン!! FIRST FAN BOOK

MESSAGE FROM YOSHIKO

みかん山のてっぺんにある私たちの学校は
近くになんのお店もないし、遊べる場所も、もちろんおしゃれなカフェ
もない。
だから、Aqoursの練習で、みんなでこうして屋上まで登って来たっ
て目に入るものは、ただ見渡す限りの海と山。
あと──空。
雲と太陽。
ただ、そんな感じ。
ヨハネみたいな都会的でカワイイ小悪魔の棲み処としては、やっぱり
ちょっと健全過ぎるし──正直言って退屈よね。
住人の数も少ないから、町じゅうに知らない人ってそう多くはないし、
いくらヨハネが「小悪魔よ♪」って言ってみたって──みんなニコニ
コ笑って聞いてるし。
もうホント、そんなことしてたら呪われちゃうんだから!
ずっと──この学校に通うのが嫌だった。
もっと都会の、かっこいい刺激のある学校に入って、いろんなことが
したいって思ってたの。
だから浦女が廃校になって無くなっちゃうのなんて、当たり前だと

思ってたし、それどころか、本当はもう少し早く無くなってくれてた
ら、もっと別の学校にいけたかもしれないのに、なんて思ったことも
あるわ。
でも──。
Aqoursが始まってから。
この景色が好きになったの。
知ってる?
この街には本当に何にもないけど──こうして朝の屋上で海に向かっ
て歌う歌は本当に最高だし、空に響き渡る歌に合わせて踊るのは、ま
るで世界をひとつかみにしたみたいに思えるのよ。
生徒数が少ないわりに、意外なほどかわいい子がそろってて、しかも
みんな、素直で明るくて──こんな私にも。
優しくて。
でも、私ってやっぱり悪魔で──本当に運が悪いのよね。
もうすぐなくなっちゃうこの学校で。
私たちがいたこと。この学校があったこと。
せめてみんなの中に形にして残したい──。
この気持ちが、海や山を越えて遠くに届きますように。

Group Voice 2

Aqours 2ndシングル
恋になりたいAQUARIUM 発売記念メッセージ

> **Check!**
> 初の総選挙でセンターを決めた2ndシングルは〝恋〟の曲に決定。恋やデートにまつわる新曲アピールが到着♡

> ルビィが小さいころからずっとずっと好きだったのは──テレビの向こうのかわいいアイドル!! ずっとずっと憧れてたんだぁ♡ だから初恋の人はアイドルで──一応ルビィもスクールアイドルになれた今は、その初恋の夢がかなったような気分で毎日とってもドキドキです♪ 新しい曲もルビィにできる精一杯でキュートにかわいくがんばるぞっ!

> 春の花咲く季節になりました！一緒に春の香りを楽しみたいな♪

> 恋って言われてもなにがなんだか──でも、とにかく一緒に歌っちゃお！

> 優しい春風にルビィのちっちゃな胸もふんわりふくらむ気持ちがするの♡

> よくみんなにも言われるんだけど、私は初恋もしたことなくて、恋なんて言われても、全然、なにがなんだかわからないオクテなんだぁ──♪ あ、でもそれを言ったら、オクテっていうより、ただのドンカンだって、ダイヤちゃんからは指摘されたけど──エヘヘ☆ でもさ、そんな曜でもよかったら──一緒に恋の勉強、この歌でしてみませんか？

> 春が来て、街にいろんな花が咲き始めると──とってもウキウキしますよね！ 今年の春はあたたかくて、内浦の桜もとってもきれいに咲いています。恋なんて全然、もちろん恥ずかしくてしたことのない梨子だけど──こんな風に明るい季節には、ちょっぴり憧れる気持ちもあって──この歌の中だけでも、恋する梨子にどうか出会ってみてください♡

悪魔は人を不幸な目にあわせるのが仕事で、恋とか愛とかそういうのは天使とか女神とかの役目。だから正直言って、管轄外。なんだけど──しょうがないわ。そりゃあ、こんなにかわいい小悪魔のヨハネを見たら恋に落ちちゃうのは仕方ないわよね♪ だから──大丈夫♡ これからはずっと、ヨハネと一緒よ？ 一緒に地獄の底へ落ちていこうね♡♡

「恋」って、興味はあるけど──でも正直に告白すると、まだ全然、千歌にはやって来てくれたことがない不思議な気持ちです。だから今回、一生懸命想像してみたんだけど── 結論はね、大好きでドキドキする気持ちは、いつも学校のあるみかん山のてっぺんから海を見下ろして歌う時の気持ちと一緒かなって──へへ♡ 違うかな？ いつか一緒にドキドキしよ♪

悪魔のヨハネに恋をしちゃうなんてドジな人ね？ 仕方ないから一緒にいてあげる──♡

春が来たらどこか遠くへ行きたくなるよ。一緒に遠足に行けたらうれしいずら♡

いつか誰かと一緒にデートするなら、綺麗な内浦の海を見ながらみかんを食べたい♪

ちっちゃいころから、いつも春は遠足の季節って決まってて──マルは花の匂いのする風が吹いてくると、なんだか体がウズウズしてきちゃうんだぁ。だから初めてのデートはお弁当もって遠足に行けたらうれしいな！ お弁当箱の中身はばあちゃん直伝のおいなりさんとふと巻きずし♡ あーんってしたらおいしくってつい食べ過ぎること請け合いずら♪

ラブライブ！サンシャイン!! FIRST FAN BOOK

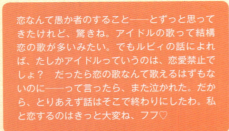

恋なんて愚か者のすること——とずっと思ってきたけれど、驚きね。アイドルの歌って結構恋の歌が多いみたい。でもルビィの話によれば、たしかアイドルっていうのは、恋愛禁止でしょ？ だったら恋の歌なんて歌えるはずもないのに——って言ったら、また泣かれた。だから、とりあえず話はそこで終わりにしたわ。私と恋するのはきっと大変ね、フフ♡

うーん、困ったな……。デートって言われても、私、そんなのしたことないし。あ、そうだ、最初は誰かと一緒っていうのはどう？ 例えば——千歌とか。あの子なら元気だし、きっと私といるより楽しいと思うんだけど——ってそれじゃあデートにならないか。ああ、もうなんか緊張する——いっそ手でも繋いじゃおっか？ そしたら少し安心できる気がする♡

旧家のお嬢様と恋に落ちるなら——それだけの覚悟はあるってことよね？

マリーと一緒にうららかな春の恋してみる気——あるでしょ♪

デートなんてしたことないからわからないけどただこうして——一緒にいればいいよね？

春が来てコートを脱いだら、ウキウキして、誰だって何か新しいことを始めたくなっちゃう季節——ね、知ってた？ 春はね、多くの動物にとって繁殖シーズンなのよ？ フフフ♡ そう聞くとなんだか余計に、ドキドキむずむずしてきちゃうでしょう～♪ やった、もうマリーのマジックにかかっちゃったかな？ マリーはいつでもあなたを待ってるわ♡♡

恋になりたいAQUARIUM

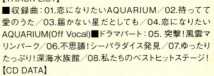

【TRACK LIST】
■収録曲：01.恋になりたいAQUARIUM／02.待ってて愛のうた／03.届かない星だとしても／04.恋になりたいAQUARIUM(Off Vocal)■ドラマパート：05.突撃！風雲マリンパーク／06.不思議！シーパラダイス発見／07.ゆったりたっぷり！深海水族館／08.私たちのベストヒットステージ！
【CD DATA】
■2016年4月27日発売　■価格：＜BD付＞3000円[税別]／＜DVD付＞2000円[税別]

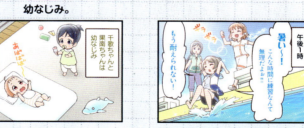

それじゃあユニット決めいくよっ？
グーとパーでわかれましょっ――

MESSAGE FROM YOSHIKO

あああ、もう～!!
だから、グーパーじゃんけんでグループ決めなんて、絶対やめた方がいいって言ったのに――。
ナシ！ナシナシナシ!!
今のは絶対、ナーシー!!!
もう、本当にふざけ過ぎだって。
神聖なるスクールアイドルグループのユニット決めを、まさかのグーパーで決めるとは――。
ほんと、千歌ちゃんのこと甘く見てたわ。
みんなで話しててユニット作りのアイデアが出るなり――

「じゃあ今からメンバー決めねっ、せーの！」って――。
まったく、小学校の掃除当番の班決めじゃないんだから!!
だいたい、いくらグループ内ユニットって言ったって、言ってみればAqoursとは違う新たなもう一つのアイドルグループを作るようなものでしょう？
だったらもっと、それぞれのメンバーの特性とかとか、ルックスとか身長のバランスとか――ほら、いろいろ考えて決めなくちゃいけないことたくさんあるでしょう？
いくらAqoursが手作りのローカルスクールアイドルって言ったってそれくらいは考えなくちゃ――。

私なんて、そもそも悪魔なんだから、悪魔っぽい人と組ませてくれなくちゃ真価が発揮できないし！
あ、それか、逆にすごーく運のよさそうな人と組み合わせてくれてもいいけどね♡
だって、そしたら——きっとこんな風にグーパーじゃんけんで1人アブれるなんていうこともなくなるでしょ♪
ホント、アンラッキーな小悪魔女王のヨハネとしては、これまで、幼稚園の頃からこういう時にはいつもいつも——アブれまくってきたんだもの。
安直にグーパーで決めるのなんて、断固反対！

悪魔パワーを発動しても、絶対阻止して見せるんだから！！ っていうか——そもそも、全員集まるまでとりあえず待たない？
千歌ちゃんが張り切ってて、ものすごくユニット作りに燃えてるのはわかるけど、やっぱりさ、メンバー配置は全員で相談するべきだと思うし——。
ね？
たしかにユニットを作った方が盛り上がるし、全員揃わない日でも活動できるしアイデアはいいと思ってるんだから、さ——。

OUR PRIVATE LIFE
2人の秘密教えてあげる♥
──ルビィ──

はぁはぁ──
ひぃひぃ──
ご、ごめんなさい──
ルビィは、もうダメです──
って、ブクブクブクって沈んじゃったら──
曜ちゃん、許してくれるかなぁ？
でも、やっぱりビート板使ってるから──
沈みそうでもなかなか沈まないのかなぁ？
……。
うわーん、もう体力の限界だよぉ〜‼
ルビィはね、小さいころから運動は不得意で──。
とくにこんな海辺の街に住んでると、水泳はすごく盛んだし、みんな当然のように泳げるのに──ルビィだけなかなか泳げなくて。
本当に大変だったの。
みんなからはやし立てられるし、なんで？って聞かれるし──。
プールの季節が来るたびに、早く終わらないかな、何とか休めないかなって思って過ごしてきて──。
結局泳げないまま高校生になったけど、学校の授業では、泳げなくてもそれなりにがんばってればいいっていう風になって、ずいぶん楽になったなって思ってたのに──。
でも、ヨハネちゃんが言ってみたいに、夏になったらAqoursのPVで泳ぐシーンもあるかもしれないなら、今からがんばっておかなくちゃ、絶対に絶対に間に合わないよね？そう思って今日は、思い切って飛び込み選手の曜ちゃんにコーチをお願いしたんだけど──。
うわ〜〜ん‼ やっぱりきつすぎるよぉ〜！
曜ちゃんって意外と鬼コーチ。
これじゃあお姉ちゃんに頼んでも一緒だったかもしれないよぉ──。

うわぁ〜ん、ごめんなさい、もうルビィはこのまま沈没します──

こんな優しいお姉ちゃんがいて、ルビィちゃんは幸せものずら──♡

OUR PRIVATE LIFE
2人の秘密教えてあげる♡ ── 花丸

え、えへへへへ──♡
ど、どうしよう。
おら、ダイヤちゃんにこんなに褒めてもらったら、なんだか逆に緊張してドキドキしちゃうずら──♡
いつもキリリとして、かっこいい生徒会長のダイヤちゃんは、おらたち下級生の憧れだもの！
そのダイヤちゃんに、こんな風に宿題見てもらうだけでもすごいのに、なでなでまでしてもらって──ひゃぁ～、なんかおら、くすぐったい気持ちがしてきちゃうよぉ──。
あ、でも、きっと、今日はおらの得意な国語の宿題だったからよかったけど──もし苦手の数学を見られたら、きっとがっかりされちゃったかもしれない……。
えへへ♡
よかった、今日の宿題が国語で！
それにしても──いっつもルビィちゃんは、ダイヤちゃんが怖いとか、ダイヤちゃんが厳しいとか、ダイヤちゃんに叱られてばかりいるとか──言ってるけど。
こんなに優しいのに──そんなに厳しいのかなぁ？
マルは姉妹がいないから、こんなに優しくてきれいなお姉ちゃんがいたら、もう絶対に嬉しいし、きっとすごく自慢だと思うんだけどなぁ──。
もしかして、夜寝てる時に脅かしてくるっていうのは──ルビィちゃんの勘違いじゃないのかな？
ルビィちゃん怖がりだし、ルビィちゃんの家は大きいから、夜になると、どこかから物音がしたりしてもおかしくなさそうだし──。
そうだ、今度、ルビィちゃんちに行ったら一緒のお布団で寝て確かめてみようっと！
いいな、ルビィちゃんとお部屋でキャンプ♡
ダイヤちゃんも一緒だったらきっともっと楽しいよね！

MESSAGE FROM DIA

ほら、ダメよ、マルちゃんってば――
波しぶきがくすぐったいのはわかるけど――目をつぶらないで、しっかりスマイル、スマイル！
今日は、私たち3人のユニット「AZALEA」の素材を撮りに来たんだから。
いつも凛々しくてかっこいい果南に、可憐でいたいけなマルちゃん、それにこの私――の3人のユニット。
カラーはそれぞれ違うけれど、共通してるのは、真面目で――いつもよそ見なんてしないでがんばるところ、だと思うの♡
だから今日は、そんな私たちの良さが伝わるように――って、でもいったいなんで、波打ち際で波しぶきを浴びてるわけ！？
今日は一応、果南の提案できたんだけど――。

たしかにここは内浦でも1番きれいな景色だし、水辺でバシャバシャっていうのがアイドルっぽいシチュエーションだっていうのは、その通りだと思うんだけど――。
なんか違わない、これって？？
でも、まあ――いっか。
なんだか楽しいし♪
やっぱり海って気持ちいいわよね――。
そうだ、これだったら次は水着にしたらいいんじゃない？
そうよ、海辺でアイドルと言ったらやっぱり水着よね！
たしかルビィの部屋のポスターでもよく見たわ♡
真面目によそ見しないでがんばる私たち「AZALEA」。
次は海辺で水着も真面目に追求よ！！

内浦の夏の始まりを告げるのは——
いつだってこのプール掃除なのだ!!

MESSAGE FROM CHIKA

ふふふふふ——♡
やってきました、このプール掃除の季節!!

浦女自慢の海と富士山が見える、岬の上の絶景の屋外プール〜♪
泳いでも楽しいし、遊んでも楽しいし、千歌も大好きなんだけど——
玉にキズなのは、シーズン中のプール掃除はなんと生徒の当番制なのだ〜!!
っていうところなんだよね……テヘへ☆

ただでさえ人数が少なくて廃校寸前——じゃなかった、廃校大決定の学校なのに。
こんなおっきなプールを生徒が当番で掃除なんてありえない〜!!って、ヨハネちゃんは不満そうに叫んでたけど。
チカはね——じつはこのプール掃除、けっこう好きなんだ♡

真夏がもうすぐそこまで来てるのを感じさせる、まぶしい太陽の陽射しの下で、跳ね飛び水しぶきに濡れるのもかまわず、こうしてごしごしデッキブラシを使ってると——。
ほらっ、なんだかすっごい楽しい♪♪
きったなーい泥や藻の汚れがいっぱいに付いたプールの底が、どんどんきれいにピカピカになっていくのを見てるのも楽しいし。
走り回って、汗を流して、ぜーんぶ、終わったら最後に残るのは、キラキラ6月の太陽に輝くプールと笑顔のみんな♡
飛び散る水しぶきと水たまりにちっちゃい虹がいっぱい光ってる!!
さあ、これからいっぱいここで泳ぐぞ〜!!　って元気が湧いてくるよ。
だから千歌はこんなプール掃除が意外と好き♡
今年はこのプールサイドでAqoursの活動もいっぱいできるといいな♪
真夏の浦女にみんなに来てほしいよ♡♡

ヨハネちゃん、その調子でやっていたらきっと夜までかかっても終わらないです──

OUR PRIVATE LIFE
2人の秘密教えてあげる
── 花丸 ──

あの、オラはただ、ちょっぴり本を読むのが好きっていうだけで──。
そんなに勉強が得意な方ではないと思うんだけど──。
本当にこんなオラで大丈夫なのかな？

今日は、それでもいいからどうしても手伝ってほしいというヨハネちゃんと一緒に、宿題をしています。
でも、その教科は国語じゃなくて、数学と英語──。
なんでも、先生に呼び出されて、あまりにも宿題をやらないことを注意されて、今回は絶対にやってこないと、部活動禁

止って言われちゃったみたいなの。
そういうことだったら、こんなマルでもできることはなるべく協力して、と思ったんだけど、でも──。

あっ、あの、ヨハネちゃん、そこ──。
正負の計算が違ってます。
マイナスとマイナスをかけたらプラスになるけど、マイナスとマイナスを足したら、やっぱりマイナスで……。

あ、あの──ご、ごめんなさい、やっぱりオラもっとがんばって手伝った方がいいかもしれないずら──。

110

みんなの日記
Aqours DIARY

小さいころから、ダイビングをやっていて。
何の疑問もなく、いつも海の中の世界は自分のそばにありました。
水の下に広がる世界は、上から眺めているときと違って――入ってみれば想像以上の別空間。
どこまでも青く、ゆらりとゆれる――重力のない、無音の宇宙に包まれて、私はまるで私じゃない別の存在になったような気がします。
伊豆の海は、濃く青く。
南の島の海みたいな明るさはないけれど、でもいろんな魚や海の生き物、静かに差し込む太陽光線。音がないようでいて――いつも遠くでさざめいている穏やかな波の音に満ちていて。
こんな明るい初夏の日には――まるで自分も海の中の生き物になったような、そんな気持ちがします。
人魚姫になった私と――いつか一緒に海の中を散歩してくれる人ができたら嬉しい、な――。

松浦果南より

海の中にいる私は自由で――
どこにでも行ける気がします

もっと教えて！Q&A Aqoursのこと

読者のみんなからのさまざまな質問にAqoursメンバーが回答♪
これまで連載コーナーで掲載したQ&Aをめいっぱいお届けします。

TO CHIKA

Q 3人姉妹の末っ子だそうですが、末っ子で得したことや損したことを教えてください。

A もう、末っ子なんて損ばっかりだよぉ〜!!! 洋服は全部おさがりだし、いつだってチビスケのおまけ扱いだし、おやつは早い者勝ちだし。でもその分、洋服はたーっくさんあったし、チビスケ扱いの代わりにいろいろ助けてもらえたし、晩御飯で嫌いなものはお姉ちゃんが食べてくれたの。そうだ！ だから最大の得はこういうポジティブシンキングが身についたことかも〜♪ 千歌はめげないアイドルです♪

TO HANAMARU

Q 好きなおやつはなんですか？ また、たい焼きはどこから食べる派ですか？

A マルの好きなおやつは――おはぎとみかんです♡ このへんではみかん農家が多いから、小さなころからみかんのシーズンはいつだって、家じゅうにおみかんがあふれてて――いくらでも食べちゃうんだぁ♪ あ、あとはマルはあんこが好きだから、おはぎも大好きです。それと、たい焼きはぜったいにしっぽから食べます。だってかわいそうずら……。

TO YOU

Q 水着を選ぶ際は性能とビジュアル、どちらを重視しますか？

A もちろん、性能！ っていうか、性能以外に何か考えることなんてあるかな――いや、ない! なくって全然大丈夫!! だって、競泳用の水着なんて、みんなそんなにデザインは変わらないんだもん〜（笑）。動きやすくて体にぴったり合ってるのがなんて言っても1番だよ♪ 曜は気に入ったメーカーのをずっと使い続けてます!

TO RIKO

Q ご自宅では料理や洗濯などの家事は行われていますか？

A 家事は嫌いじゃないので、けっこうやってる――かな？ 東京にいるときは、家にいたらそんなにすることもなかったし――。今は逆にAqoursで忙しくて、そんなに時間がないけれど、お掃除は毎日、お洗濯やお料理もたまにはします♡ いいお嫁さんになれるほどではきっと全然ないけれど――エヘヘへ♪

TO DIA

Q 黒澤家の皆さんは代々宝石にちなんだ名前なのでしょうか？

A いいえ、別にそういうわけでもないみたいよ。親戚の女性たちは、どっちかっていうとみんなわりと古風で和風な名前がついてるもの。ダイヤにルビィなんてぶっとんだ名前をつけたのは、単なる父親の趣味。一体もう1人生まれたらどうする気だったのかしら？ サファイアはあり得ない気がするんだけど――。

TO KANAN

Q 祖父と二人暮らしとのことですが、お祖父さんとは仲よしなのですか？

A うん、仲いいよ〜! ウチのおじいはちょっぴり変わり者なんだけど、海や気象のこととかものすごくよく知ってて、意外にちびっこに人気があるんだ。あ、あと、鞠莉や曜にも（笑）。とにかく海が好きで――海の生き物が好きで、日焼けしてしわくちゃで口数も少ないけど、一緒にいて気楽な人だよ。磯料理が上手いんだ♡

112

TO DIA

Q 1月1日という誕生日で得したこと損したことはありますか？

A そうね、わたくしはとくに誕生日は気にしない方なんだけれど――日本全国がわたくしの誕生日を祝ってるような、おめでたい空気になるところはわりと気に入っているわ。損は――クリスマスとお正月の近くでプレゼントシーズンが固まってるところかしら。夏にもほしいものはあるのに、困るわ。

TO MARI

Q 寝る時はどんな服で寝られるんですか？

A みんなが期待してる答えはもちろん、「下着だけよ♡」とか「ネグリジェ」とか、あとは「香水だけよ♡」とか――そういうのなんでしょう？ ノーノー、ダメよ～、変な期待しちゃ♪ でもきっと、教えてあげないと、もーっといろんな期待しちゃって、あなたがよく眠れなくなるかもしれないから――特別に教えてあげる♡ 私はいつもキャミソールで寝るのがスタイルよ♪ Tシャツはしめつけられて胸が苦しくなるからあんまり着ないかな？

TO KANAN

Q ダイビングをしていると日焼けとか気になると思いますが、日焼け対策などはしていますか？

A じつはダイビングをしてると、いつもウェットスーツを着てるから、逆に体は水着で泳いでる普通の子よりも焼けないことが多いの♡ だから実はこう見えて意外とボディは色白で――フフフ♡ 見てみたい？ ただ、顔はやっぱり焼けちゃうから、日焼け止めくらいはぬってます♪

TO HANAMARU

Q お寺……となると夏はやっぱり怪談を楽しんじゃいますか？

A 怖い話は――マルは昔から苦手です。お寺のばあちゃんは、幽霊も人魂も怖がることない、みんなこの世がなつかしくて、ちょっくらみんなに会いにきたご先祖さんだから、悪さなんかしないって、言うけど――でも、やっぱり怖いものは怖いずら……。だから真っ暗な夜にはいつも目をつぶって寝ちゃうずら♡

TO YOSHIKO

Q 特技がゲームだそうですが、ふだんどういったものをしますか？

A 女の子に人気の育成モノよりは、ドカーンキューンドドドド――の戦闘モノがけっこう好き♡ 小悪魔ヨハネの軍団を率いて世界を征服するのよっ♡ あっ、小さいころはレースゲームも好きだったな～♪ あちこちガンガンぶつかりまくって気分爽快！ ゲームにはスリルと興奮を求めてるの☆

TO RIKO

Q メンバーの実家の仕事を手伝ってみるとしたら、何の仕事をしてみたいですか？

A みんなはいつもおうちのこといろいろ手伝ったりしていて、えらいですよね――私なんて、本当に何にもできなくて――恥ずかしくなっちゃう！ でも、そんな私でも、もし何かお手伝いさせてもらえるとしたら――。そうだな、やっぱり千歌ちゃんのおうちの旅館で働いてみたいです♪ お客さんの前は無理でも、下働きくらいならできるかもしれないし、和服が着られたら楽しそうだし♡ 千歌ちゃんにいろいろ教えてもらわなくちゃですね♪

TO RUBY

Q お姉さんといっしょに遊ぶとして、なにをしてる時が楽しい？

A うーん、お姉ちゃんはルビィと違っていつも忙しいから、最近はあんまり一緒に遊んだりとかないんだけど、そうだな――お姉ちゃんと一緒ならやっぱり、あんまり怒られない遊び、かな♡ うわーん!! だって、ルビィ、ちっちゃいころから鬼ごっこしても、いっつもトロいって怒られてたから――！ あ、今ならカラオケ行きたいな♪ それなら大丈夫かも。

Twitter＆ハガキでAqoursへの質問を募集中！

メンバーに聞きたいさまざまな疑問を募集中。電撃G'sマガジン誌上の「ラブライブ！サンシャイン!!」連載ページにて、Aqoursメンバーがみんなからの質問にお答えします。①質問したい相手の名前、②質問内容、③あなたのペンネームの①②③を書いて、下記のハッシュタグをつけてTwitterでつぶやくか、またはハガキで編集部まで送ってください。たくさんのご質問をお待ちしています。

#gs_llss あて先 〒102-8584 ㈱KADOKAWA アスキー・メディアワークス 電撃G'sマガジン編集部「ラブライブ！サンシャイン!!」質問係

※ご応募いただいた質問は雑誌及び書籍にて掲載させていただく場合がございます。
※募集は予告なく変更・終了する場合がございます。予めご了承ください。

ラブライブ！サンシャイン!! FIRST FAN BOOK 113

ラブライブ！サンシャイン!!
FIRST FAN BOOK

2016年6月30日　初版発行

編集	電撃G'sマガジン編集部
編集協力	宮森里絵
デザイナー	関口小綾香 (twill design) 若月秋生
協力	2016 プロジェクトラブライブ！サンシャイン!! サンライズ バンダイビジュアル ランティス ブシロード
カバーデザイン	関口小綾香 (twill design)
カバーイラスト	作画：室田雄平 仕上：横山さよ子 背景：澤谷真理（スタジオ・イースター） 特効：山川明子
発行人	塚田正晃
編集人	高野希義
プロデュース	アスキー・メディアワークス 〒102-8584　東京都千代田区富士見1-8-19 電話：03-5216-8385（編集） 電話：03-3238-1854（営業）
発行	株式会社KADOKAWA 〒102-8177　東京都千代田区富士見2-13-3
印刷・製本	共同印刷株式会社

●本書の無断複製（コピー、スキャン、デジタル化等）並びに無断複製物の譲渡及び配信は、著作権法上での例外を除き禁じられています。また、本書を代行業者などの第三者に依頼して複製する行為は、たとえ個人や家庭内での利用であっても一切認められておりません。

●乱丁・落丁本はお取り替えいたします。購入された書店を明記して、アスキー・メディアワークス　お問い合わせ窓口あてにお送りください。送料小社負担にてお取り替えいたします。
但し、古書店で本書を購入されている場合はお取り替えできません。

●定価はカバーに表示してあります。

Printed in Japan
ISBN978-4-04-892239-5　C0076
小社ホームページ　http://www.kadokawa.co.jp/
©SAKURAKO KIMINO
©SAKURAKO KIMINO／MASARU ODA
©2016 プロジェクトラブライブ！サンシャイン!!

コミック「ラブライブ！サンシャイン!!」は最終ページP162からスタート！ ➡

ILLUSTRATION & COMIC CREDIT

P1-3
作画：越後光崇／河毛雅妃
作画監修：室田雄平
仕上：横山さよ子
背景：岡﨑えりか（スタジオ・イースター）
特効：山川明子

P5
作画：室田雄平
仕上：横山さよ子
背景：岡﨑えりか（スタジオ・イースター）
特効：山川明子

P10
作画：田村里美
作画監修：室田雄平
仕上：横山さよ子
背景：秋山慎太郎（スタジオ・イースター）
特効：山川明子

P12
作画：平山 円
仕上：横山さよ子
背景：前田有紀（スタジオ・イースター）
特効：山川明子

P16
作画：田村里美
作画監修：室田雄平
仕上：横山さよ子
背景：秋山慎太郎（スタジオ・イースター）
特効：山川明子

P18
作画：室田雄平
仕上：横山さよ子
背景：阿部真大（スタジオ・イースター）
特効：山川明子

P22
作画：田村里美
作画監修：室田雄平
仕上：横山さよ子
背景：曽根原理恵（スタジオ・イースター）
特効：山川明子

P24
作画：室田雄平
仕上：横山さよ子
背景：小高 猛（スタジオ・イースター）
特効：山川明子

P28
作画：田村里美
作画監修：室田雄平
仕上：横山さよ子
背景：水野雄介（スタジオ・イースター）
特効：山川明子

P30
作画：室田雄平
仕上：横山さよ子
背景：阿部真大（スタジオ・イースター）
特効：山川明子

P34
作画：田村里美
作画監修：室田雄平
仕上：横山さよ子
背景：宇佐美哲也（スタジオ・イースター）
特効：山川明子

P36
作画：鈴木 勇
仕上：横山さよ子
背景：小高 猛（スタジオ・イースター）
特効：山川明子

P40
作画：田村里美
作画監修：室田雄平
仕上：横山さよ子
背景：山本陽一郎（スタジオ・イースター）
特効：山川明子

P42
作画：鈴木 勇
仕上：横山さよ子
背景：坂下祐太（スタジオ・イースター）
特効：山川明子

P46
作画：室田雄平
仕上：横山さよ子
背景：東 潤一（スタジオ・イースター）
特効：山川明子

P48
作画：室田雄平
仕上：横山さよ子
背景：曽根原理恵（スタジオ・イースター）
特効：山川明子

P52
作画：室田雄平
仕上：横山さよ子
背景：東 潤一（スタジオ・イースター）
特効：山川明子

P54
作画：鈴木 勇
仕上：横山さよ子
背景：志村美幸（スタジオ・イースター）
特効：山川明子

P58
作画：室田雄平
仕上：横山さよ子
背景：東 潤一（スタジオ・イースター）
特効：山川明子

P60
作画：藤井智之
仕上：横山さよ子
背景：前田有紀（スタジオ・イースター）
特効：山川明子

P64-65
作画：室田雄平
仕上：横山さよ子
背景：水野雄介（スタジオ・イースター）
特効：山川明子

P66-68
イラスト：長妹とろろ

P69
イラスト：伊能津

P70-71
作画：室田雄平
仕上：横山さよ子
背景：前田有紀（スタジオ・イースター）
特効：山川明子

P72
イラスト：伊能津

P73
イラスト：長妹とろろ

P74
作画：藤井智之
仕上：横山さよ子
背景：前田有紀（スタジオ・イースター）
特効：山川明子

P76-77
イラスト：伊能津

P81
「マルのヨンコマ」DROP 1〜3
原作：公野櫻子
作画：竹之内トシオ

P82-83
作画：室田雄平
仕上：横山さよ子
背景：曽根原理恵（スタジオ・イースター）
特効：山川明子

P84
イラスト：伊能津

P86-87
作画：藤井智之
仕上：横山さよ子
背景：水野雄介（スタジオ・イースター）
特効：山川明子

P88
イラスト：伊能津

P89-90
作画：平山 円
仕上：横山さよ子
背景：前田有紀（スタジオ・イースター）
特効：山川明子

P93
イラスト：伊能津

P94-95
作画：藤井智之
仕上：石原智美
背景：澤谷真理（スタジオ・イースター）
特効：山川明子

P99
「マルのヨンコマ」DROP 4〜6
原作：公野櫻子
作画：竹之内トシオ

P100-101
作画：鈴木 勇
仕上：石原智美
背景：秋山慎太郎（スタジオ・イースター）
特効：山川明子

P102-103
イラスト：伊能津

P104-105
作画：鈴木 勇
仕上：石原智美
背景：岡﨑えりか（スタジオ・イースター）
特効：山川明子

P106-107
イラスト：伊能津

P108-109
作画：水野辰哉
仕上：石原智美
背景：張 小絵（スタジオ・イースター）
特効：山川明子

P110-111
イラスト：伊能津

P118-162
コミック
「ラブライブ！サンシャイン!!」第1話
原作：公野櫻子
作画：おだまさる
キャラクターデザイン：室田雄平

Special Thanks!

Q＆A設問制作　アウスティグさん、アシュンさん、あずーるさん、kdkrhawksさん、彩狐さん、黒澤ルビィ親衛隊隊長さん、ステルスさん、ともちさん、ハイレモンさん、ハマチャさん、ハラコーさん、ポイントBさん、紫鮫さん、よぎさん、ららさん

ラブライブ！サンシャイン!! FIRST FAN BOOK

Aqours 活動記録＆予定表

『ラブライブ！サンシャイン!!』のプロジェクトが始まってから約1年半。
Aqoursのこれまでの歩みと、今後のスケジュールを紹介！

10月7日
Aqours 1stシングル
「君のこころは輝いてるかい？」
発売

2月28日
『ラブライブ！サンシャイン!!』
プロジェクトスタート！

電撃G'sマガジン4月号に高海千歌が初登場!!

10月7日〜10月13日
「第1回Aqours
センターポジション総選挙」を
開催

11月30日〜12月18日
3組のトリオユニット
メンバーが決定＆
電撃G'sマガジン1月号で
ユニット名アイデアを募集

総投票数は
3万2133票!!

10月30日〜11月9日
電撃G'sマガジン12月号で
Aqours内の
トリオユニット活動を発表
メンバー組み合わせ投票を開始

1月22日
レギュラーインターネット生放送
「ラブライブ！サンシャイン!!
Aqoursニコ生課外活動
〜トリオだよ！いち、に、の
サンシャイン!! 〜」を隔週配信スタート

2月27日〜4月15日
ゲーマーズとの連動企画
「ゲーマーズ沼津店
Aqours
看板娘総選挙」を開催

6月1日〜6月11日
グループ名投票を
開催

2015年 ☆

2016年 ☆

6月30日
グループ名が
「Aqours」に決定！

10月31日〜12月13日
全国ショップをAqoursが巡る
1stシングル発売記念キャンペーン
「ラブライブ！サンシャイン!!
Aqours課外活動 はじめましての旅
〜DOKI-DOKI
SUNSHINE!! 〜」を実施
全国16カ所32回に及ぶ
全国キャンペーン

2月1日〜2月10日
3組のトリオユニット名
投票を開催

4月30日
電撃G'sマガジン
6月号より
読者参加企画＆連載が
本格始動
9人のグループ名
アイデアを募集

総投票数は
2万3789通!!

10月30日
投票数1位の渡辺曜が
2ndシングルの
センターに決定

1月11日
Aqours 1stシングル発売記念
イベント「ラブライブ！サンシャイン!!
Aqoursスペシャル課外活動
みんな準備はできてるかい？
〜せーのでSUNSHINE!! 〜」を開催

1月11日
Aqours初のインターネット生放送
「ラブライブ！サンシャイン!!
Aqoursニコ生課外活動〜
はじめてのDOKI-DOKI生放送！〜」で
TVアニメ今夏放送＆2ndシングルの発売日などを発表

総投票数は
5万9286票!!

YOU WATANABE

4月27日
Aqours 2ndシングル
「恋になりたいAQUARIUM」
発売

5月11日
CYaRon！シングル
「元気全開DAY！DAY！DAY！」
発売

5月25日
AZALEAシングル
「トリコリコPLEASE!!」
発売

6月8日
Guilty Kissシングル
「Strawberry Trapper」
発売

7月2日～
『ラブライブ！サンシャイン!!』
TVアニメ放送開始

7月5日
スマホゲーム
『ラブライブ！スクールアイドル
フェスティバル』に
Aqoursが本格参加

7月2日
アメリカ・ロサンゼルスにて
北米最大級の
アニメコンベンション
「Anime Expo 2016」共同開催
となる「Anisong World
Matsuri "祭"」で
初の海外イベントに参加

総投票数は
1万6888票!!

3月30日
3組のトリオユニット名が
「CYaRon！」
「AZALEA」
「Guilty Kiss」
に決定

5月21・22日
「スクフェス感謝祭2016」
にAqoursが出演

4月13日
Webラジオ
「ラブライブ！サンシャイン!!
Aqours浦の星女学院
RADIO!!!」
配信スタート
（毎週水曜更新）

6月4日～6月19日
全国ショップを
Aqoursが巡る
2ndシングル発売記念キャンペーン
「ラブライブ！サンシャイン!!
Aqours課外活動 みんなに会いたい
AQUARIUM
～FANTASTIC SUNSHINE～」
を開催

7月31日
「ラブライブ！サンシャイン!!
Aqours夏休み課外活動
～みんなでいっしょに夏まつり～in 沼津」
開催

3月30日
公式オリジナルコミック
『ラブライブ！サンシャイン!!』
電撃G'sマガジン5月号で
連載スタート！

4月30日
投票数1位の
津島善子が
ゲーマーズ沼津店
Aqours看板娘に
決定

4月30日
電撃G'sマガジン6月号にて
表紙に初登場！

6月26日
Aqours 2ndシングル発売記念
「ラブライブ！サンシャイン!!
Aqoursニコ生課外活動～
AQUARIUMで！ぷかぷかサンシャイン!!～」
公開インターネット生放送イベントを開催

ラブライブ！サンシャイン!! FIRST FAN BOOK

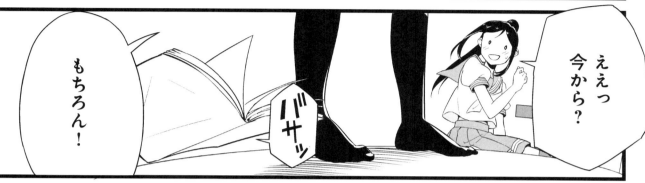

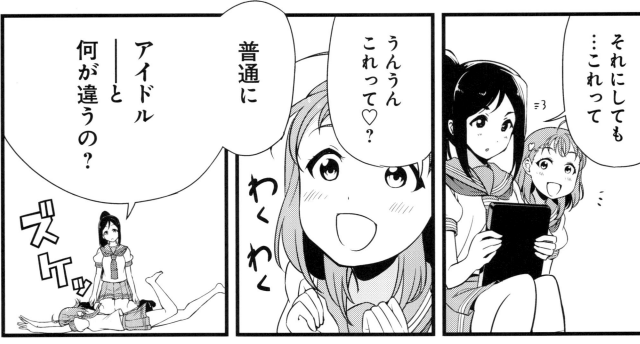

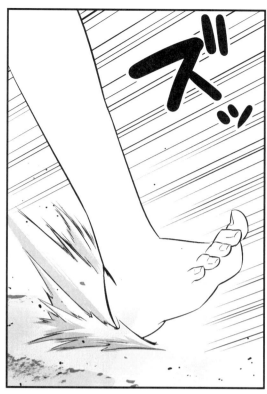

あの時の私みたいに

今この瞬間を誰かが見てくれているって信じて

私も
あんな風に
なりたい

あの東京の——
それも秋葉原なんて

よくテレビとかでも
見るあの街が
電気街とか爆買いとか
マニアの聖地とか
そういう——

テレビのニュースにも
出てきちゃう
ようなところがだよ？

そんな場所にいる
人たちが
私たちと同じように
廃校問題で
悩んでたなんて——

あのねμ'sはそもそも東京の秋葉原にある国立の学校なんだけど——

びっくりすることに少子化で生徒が減っちゃって廃校の危機にあったんだって！

へー
まるで…私たちとおんなじだね

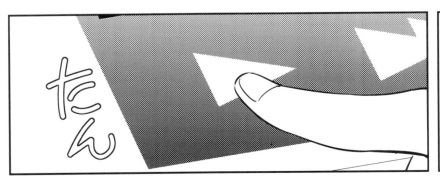

動画再生伝説は

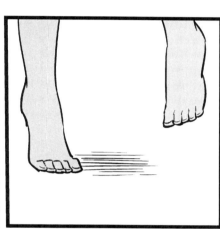

公野櫻子氏が創り、おだまさる氏が描く新たなスクールアイドル物語♡